Os livros históricos

Philippe Abadie

Os livros históricos

*Do livro de Josué
aos livros dos Reis*

Tradução
Benno Brod, SJ

Título original:
Les livres historiques
© Les Éditions du Cerf, 2020
24, rue des Tanneries, 75013, Paris, France
ISBN 978-2-204-13957-1

Dados Internacionais de Catalogação na Publicação (CIP)
(Câmara Brasileira do Livro, SP, Brasil)

Abadie, Philippe
  Os livros históricos : do livro de Josué aos livros dos Reis /
Philippe Abadie ; tradução Benno Brod. -- São Paulo : Edições
Loyola, 2024. -- (ABC da Bíblia)

  Título original: Les livres historiques
  Bibliografia.
  ISBN 978-65-5504-293-1

  1. Bíblia 2. Bíblia - A.T. 3. Cristianismo 4. Exegese bíblica
5. Judaísmo I. Título. II. Série.

24-188939   CDD-221

Índices para catálogo sistemático:
1. Bíblia : Antigo Testamento : Estudo   221

Eliane de Freitas Leite - Bibliotecária - CRB 8/8415

Capa: Ronaldo Hideo Inoue
Davi com a cabeça de Golias (c. 1606-1607),
óleo sobre madeira de Caravaggio (1571-1610),
coleção do *Kunsthistorisches Museum*
(Museu de História da Arte), Viena, Áustria.
© Wikimedia Commons.
Diagramação: Sowai Tam
Revisão técnica: Danilo Mondoni, SJ
Revisão: Carolina Rubira

Edições Loyola Jesuítas
Rua 1822 n° 341 – Ipiranga
04216-000 São Paulo, SP
T 55 11 3385 8500/8501, 2063 4275
editorial@loyola.com.br
vendas@loyola.com.br
www.loyola.com.br

Todos os direitos reservados. Nenhuma parte desta obra pode ser
reproduzida ou transmitida por qualquer forma e/ou quaisquer
meios (eletrônico ou mecânico, incluindo fotocópia e gravação) ou
arquivada em qualquer sistema ou banco de dados sem permissão
escrita da Editora.

ISBN 978-65-5504-293-1

© EDIÇÕES LOYOLA, São Paulo, Brasil, 2024

102905

Sumário

Introdução 7

Capítulo 1
Antes de abrir os livros históricos 11

Capítulo 2
Resumo e estrutura de cada livro 17

Capítulo 3
Uma obra teológico-literária: a historiografia
deuteronomista 35

Capítulo 4
Do relato à história, um outro olhar à luz da arqueologia 41

Capítulo 5
A gestão da violência 53

Capítulo 6
A figura do juiz 63

Capítulo 7
O rei, salvador ou cilada para seu povo? 73

Capítulo 8
Uma dupla instância de julgamento 85

Capítulo 9
Um outro olhar sobre a história (o livro das Crônicas) 105

Capítulo 10
A recepção do livro. O texto nas origens da vida da Igreja 115

Capítulo 11
Os livros históricos, chaves para
compreender nossa cultura 121

Conclusão 127

Anexos 131
    Léxico 131
    Cronologia 139
    Mapas 145

Bibliografia 147

Introdução

Por que ler estes livros, que geralmente são chamados de históricos e cuja leitura mostra que se trata antes de uma reflexão de fé sobre a história de Israel e de Judá, em particular sobre a incapacidade de seus reis de permanecerem fiéis à lei divina? Sem dúvida alguma, é porque esse conjunto literário, que engloba o tempo entre a conquista do país pelos anos 1200 a.C. e a deportação para Babilônia seis séculos mais tarde, se propôs menos a descrever com exatidão a história passada de Israel do que se interrogar sobre as difíceis relações entre Deus e seu povo. Eis o que explica a importância dada às figuras dos profetas nesse todo tão heterogêneo. E isso vem desde o período dos Juízes, no qual a profetiza Débora sustenta a fé vacilante do general Barac (Jz 4), até alcançar seu ponto culminante com Elias nos livros dos Reis (1Rs 17–22). Mas podemos citar também outras figuras proféticas menos conhecidas, como Natã, nos tempos de Davi, ou Ahiá de Shilô no fim do reinado de Salomão. Portanto, esses livros têm um alcance não imaginado que ultrapassa a simples informação histórica.

Outro ponto de interesse diz respeito à maneira como esses livros apresentam as instâncias do poder, em particular a figura do rei. Este último está longe de ser idealizado, como em certos salmos que refletem de forma pronunciada a ideologia da corte judaica (Sl 2 e 132). O rei é até descrito com zombaria na fábula de Joatão (Jz 9,7-15), ou com traços de uma figura trágica (Saul), e até mesmo como um déspota sem escrúpulos (Davi fazendo morrer Urias). Tudo isso não deixa de ser intrigante naquele universo cultural do Antigo Oriente Próximo, em que, seja no Egito, seja em Babilônia, o soberano era quase deificado. Por que, então, isso não acontece na Bíblia? Procuraremos dar as razões.

Dessas primeiras observações decorre também uma primeira conclusão. O questionamento ético que esses livros históricos nos colocam, unido à crítica que eles fazem contra um poder sempre tentado pela ambição, vai certamente de encontro também às nossas interrogações. Mesmo assim, ainda ficará uma sensação penosa após termos terminado a leitura: por que ocupar-nos com livros tão cheios de violências? De fato, o sangue não para de correr por ocasião da conquista da terra por Josué; e corre também em muitos relatos do livro dos Juízes, sem falar das brigas que dizimaram a família de Davi. Como interpretar todas essas batalhas em que parece que se mata para a maior glória de Deus? A resposta está longe de ser simples ou evidente, e esta pergunta continuará sempre aberta. Só nos resta pensar que um olhar crítico sobre a escritura desses livros talvez permitirá superar o escândalo produzido por sua leitura.

É com este espírito que nos propomos nesta obra fazer uma apresentação de cada livro dito "histórico", antes de oferecer algumas sínteses em torno de grandes temas como a violência (e sua superação na escritura); o poder, no que ele tem de positivo e de negativo; e, para terminar, as grandes instâncias de julgamento (os profetas e o templo) que unificam o todo. O uso de um outro livro (as Crônicas) como recurso, que não pertence diretamente a esse conjunto histórico, permitirá ao leitor entrever um modo bíblico diferente de olhar a história. Aqui a originalidade vem do fato de que o passado é menos julgado pelo filtro do questionamento ético do que à luz de uma comunidade que deriva sua legitimidade do Templo; estamos no final do período persa (início do século IV a.C.).

1
Antes de abrir os livros históricos

Apresentar um conjunto de livros é um desafio, pois cada livro tem um estilo próprio e sua história redacional. Contudo, os livros de Josué, dos Juízes, de Samuel e dos Reis têm um ponto comum: sob a forma de uma longa narração, apresentam ao leitor a história dos Hebreus, desde a conquista da terra por Josué até a queda de Jerusalém uns sete séculos mais tarde. Seguindo a cronologia bíblica, nós nos situamos entre os anos 1200 e 525 a.C. No entanto, será que precisamos falar de "livros históricos", como habitualmente fazem nossas bíblias, seguindo a tradição grega da Septuaginta, retomada também pela versão latina de São Jerônimo? Certamente com mais precisão, a tradição judaica – que a TEB (Tradução Ecumênica da Bíblia) segue – classifica esse conjunto de livros sob o nome de "Primeiros profetas". Essa denominação põe em plena luz o lugar que os profetas (Natã, Ahiá de Shilô, Elias, Eliseu, Isaías etc.) ocupam na bíblia e soa como mais justa. Mesmo que esses livros apresentem uma visão linear da história judaica da conquista (Josué) até a lenta implantação das tribos no país (Juízes), seguida da época real (Samuel e Reis), veremos, pela leitura atenta, que se trata antes de tudo de uma releitura de fé à luz dos acontecimentos trágicos que marcam a época da redação desses livros. Portanto, o passado que eles relembram se atém menos à "história normal" (que é a proposta do historiador contemporâneo em diálogo com a arqueologia) do que à palavra de crentes que procuram dar uma explicação dos males do tempo. Por isso, convém achegar a esse grande conjunto dos livros históricos um outro livro: o das Crônicas, que retoma essa mesma história real, mas fazendo-o sob um ângulo que lhe é próprio. É o que veremos em um dos capítulos desta obra.

Além dessa temática que, por falta de palavra melhor, vamos qualificar de *historiana*, para evitar confundi-la com a investigação contemporânea de historicidade, esses livros desenvolvem também uma leitura teologicamente orientada sobre os acontecimentos e as grandes figuras que são seus autores (quer sejam autores coletivos, como o povo, ou singulares, como os juízes ou os reis). Na linha do livro do Deuteronômio, que lhes dá a direção, esses livros submetem tudo ao crivo da fidelidade – ou infidelidade – aos mandamentos divinos dados no Horeb. A chave para isso está dada nas bênçãos e maldições formuladas em Deuteronômio 28. De maneira ainda mais específica, toda a época real é submetida a julgamento sob o ponto de vista da relação que os reis de Israel e de Judá mantêm com o único santuário, o templo de Jerusalém. Os estudiosos desses livros também falam de história deuteronomista, exatamente o que justifica que os leiamos como um todo na presente obra. Antes de apresentar em suas grandes linhas o conteúdo próprio de cada livro e o que os unifica teologicamente, retenhamos por ora que essa "história" se dirige a Judeus que estão atravessando uma grande crise em relação à sua identidade: não somente tinham perdido sua terra, conquistada pelos Babilônios entre os anos 598 e 586 a.C., mas sua fé na divindade nacional, Yhwh (Javé), foi posta a dura prova pela destruição do templo de Jerusalém e pela deportação... Tratava-se, naquele momento, de devolver a todos razões para esperar, como o indica a nota final de 2 Reis 25,27-30.

Para além dessas datas, parece bem difícil reconstruir a história redacional e os meios de produção de cada um dos livros, que, aliás, varia de um a outro. Retenhamos, contudo, alguns indícios que nos ajudarão a ver com mais clareza a questão. Mesmo não sabendo a que elas aludem, as notas finais de cada reinado no livro dos Reis fazem referência aos "Anais dos reis de Israel" e aos "Anais dos reis de Judá" como fontes de consulta. Trata-se, sem dúvida, de listas de acontecimentos cujo modelo se conserva nas "crônicas babilônicas", que detalham para cada reinado as ações guerreiras dos soberanos ano após ano, em uma espécie de longa ladainha composta por escribas ligados à corte. Mas a lenta penetração da escritura na região de Israel (que não chega a ser atestada antes do século VIII para Israel e mais tarde ainda para Judá), impede retroceder mais no tempo. Isso nos permite datar a maior parte dos relatos no fim da época real, durante o que se chama de "século assírio", que conservou até o século VII os reinos de Israel e de Judá sob a dominação desse poderoso vizinho. Por essas razões se explica a forma eminentemente bélica dos relatos, especialmente no livro de Josué; que parece caracterizar a escrita das estelas de vitória dos assírios, para responder à pretensão dominadora dos soberanos provindos de Assur. A atualidade dos conflitos – pensemos especialmente na queda do reino de Israel entre 722 e 720 a.C. (2Rs 17) ou na invasão do soberano assírio Senaquerib em 701 a.C. que assolou o reino de Judá e pôs em perigo Jerusalém (cf. 2Rs 18–19) – explica mais o relato escrito de Josué do que uma longa lembrança oral de um passado de conquista de uns cinco séculos antes. Além disso, conservar oralmente eventos por tão longa duração se mostra de todo impossível. Devemos renunciar a reconstruir uma conquista histórica do país realizada pelo fim da Idade do Bronze (século XII a.C.), preferindo alguma outra leitura.

Devemos, então, renunciar a toda datação dos relatos e ver neles apenas uma escritura tardia da história entre o reinado do judeu Josias (século VII a.C.) e o início do período persa (século V a.C.)? Não se pode negar que quanto mais nos aproximamos da época da escrita, tanto mais a confiabilidade dos acontecimentos se torna plausível: reforma cultual de Josias, queda trágica do reino judaico. Mas os livros podem conservar também a memória legendária de acontecimentos mais antigos, como o passado mercenário do jovem Davi como vassalo de um rei palestino em luta contra Saul. Se isso não contribui de modo algum para a glória de tal herói, encontramos, contudo, relações entre essa história e as incursões dos *Habirus*. Eles constituíam populações instáveis, compostas por uma parte de soldados que romperam com marginalizados e, por outra, de agricultores endividados em luta contra as cidades cananeias. Disso temos o testemunho na correspondência entre os reis dessa região às margens dos impérios e o Faraó do Egito, correspondência conhecida como "Cartas de Amarna" (século XIV a.C.). Por isso, com sua dose de hipótese, não está excluído que uma parte dos materiais retomados nesses livros seja bem antiga e que se apoie possivelmente sobre heróis locais, cujos nomes foram conservados (o que se aplica sobretudo ao livro dos Juízes). Em torno de cada um deles se desenvolveram às vezes ciclos de narrações (Gedeão, Sansão, entre outros), mas deles só temos uma reescrita tardia, marcada pelo cuidado de redatores que procuravam entender aqueles trágicos destinos de Israel e de Judá.

Acrescentemos a isso que esses livros não gozam do mesmo estatuto que têm os textos da Torá, mais "oficiais", se assim podemos dizer; também não são como os oráculos dos profetas que eram destinados em primeiro lugar a um auditório oral. Temos aqui um longo trabalho de escribas, de muita sabedoria, para marcar a cultura de seu tempo e seus modos de escrever, mas privado de um grande auditório. Os livros de Samuel e os dos Reis são críticos demais para virem de uma ordem real ou de meios da corte, mais habituados a louvar, a exemplo das "crônicas" e dos "Anais". Se encontramos alguns ecos disso na maneira como Salomão é descrito em 1 Reis 3–10 logo nos deparamos com a história pouco edificante do adultério de Davi (2Sm 11–12) ou com a denúncia da idolatria de Salomão por causa de suas numerosas esposas (1Rs 11), para não falar dos outros reis, exceto Josias. Assim, a imagem que emerge de todo o Israel como um povo muitas vezes rebelde depende muito pouco de uma escritura elogiosa, própria para lisonjear sua identidade de nação escolhida por Deus.

Disso, conclui-se que esse conjunto de livros, por diversa que seja sua escrita, surge como fruto de uma reflexão de fé conduzida por um grupo de escribas e, sem dúvida, destinada a outros escribas. Não se sai assim de um círculo restrito de sábios a serviço talvez de certas reformas reais. É isso que nos leva à época de Josias, sem que possamos reduzir a produção desses livros ao fator único da centralização cultual efetuada por esse rei.

Decorre dessas primeiras observações o fato de que uma diversidade de temas atravessa esses livros; a começar, sem dúvida, pela figura do rei, cujo retrato ideal pintado em Deuteronômio 17,14-20 nos servirá de modelo para um julgamento crítico da figura de Salomão em 1 Reis 1–11. Próximo ao rei se movimenta o profeta, muitas vezes crítico como Natã, em relação a Davi, ou Elias em seus confrontos com Acabe. Desse modo, somos enviados à figura típica do profeta descrita em Deuteronômio 18,14-22. Se a fidelidade e a infidelidade aos mandamentos exercem aqui um papel essencial, nada o expressa melhor do que o modelo repetido de "transgressão – castigo – conversão – salvação", que dá ao livro dos Juízes uma dinâmica muito própria. Mas isso também transparece no que o livro dos Reis designa como "o pecado de Jeroboão" e que traduz o afastamento do reino de Israel em relação ao templo de Jerusalém. Isso é o que nos levará a examinar o simbolismo do templo nesses livros.

Além desses temas, outras questões se colocam ao leitor, como o lugar da violência nesses livros e o relacionamento justo com a autoridade. O que dizer das muitas guerras que ensanguentam o livro de Josué e sobretudo por que escrever a história desse modo? Pressentimos que a resposta esteja na historicidade dos relatos, mas também na ideologia que lhe está subjacente e que não é mais a nossa atualmente.

2
Resumo e estrutura de cada livro

Após ter acentuado a diversidade deste conjunto, convém descrevermos agora o conteúdo e a estrutura de cada livro, destacando a originalidade da estrutura e o colorido próprio de cada um deles.

O livro de Josué

É muito fácil perceber neste livro duas grandes partes, seguidas de uma longa conclusão. A primeira parte comporta os capítulos 1 a 12; sob a forma de uma conquista violenta e rápida, descreve a entrada das tribos de Israel na terra de Canaã. Após a morte de Moisés, Josué lhe sucede e é investido por Deus para conduzir as tribos do Egito para essa terra prometida. Ora, curiosamente a palavra que Deus lhe dirige consiste em um discurso em que se misturam dois registros: apelo ao combate e fidelidade à Lei (Js 1,2-9), antes mesmo que Josué se comporte como verdadeiro chefe de guerra (Js 1,10-18). O relato se reveste repentinamente de uma tonalidade guerreira, com o envio de dois espiões hebreus a Jericó, no outro lado do Jordão; trata-se de verificar a situação do país e suas fragilidades. Os dois homens encontram boa acolhida em casa da prostituta Raab (Js 2). Começa então o ritual da travessia do Jordão no vau de Guilgal (Js 3), seguida da edificação de um memorial (Js 4) e a circuncisão dos filhos nascidos no deserto (Js 5,1-9). Duas cenas simbólicas vêm fechar esse primeiro conjunto: a celebração da primeira Páscoa na terra de Canaã (Js 5,10-12) e a aparição do chefe dos exércitos celestes a Josué (Js 5,13-15). Cada uma delas faz referência à história de Moisés, tanto a que trata da Páscoa na saída do Egito (Ex 12), quanto a da revelação junto à sarça ardente (Ex 3). O tempo das andanças pelo deserto tem um claro final, e se inicia a entrada na terra.

A queda dos muros de Jericó ao som das trombetas inaugura a conquista do país (Js 6), enquanto a violação de um interdito por Acã leva ao primeiro revés perante a cidade de Ai (Js 7). Depois que o culpável é desmascarado e punido, Josué e as tribos acabam se apossando da poderosa fortaleza, lançando mão de ardis (Js 8,1-29), enquanto a construção de um altar e a leitura da Lei sobre o monte Ebal selam essa primeira etapa da conquista (Js 8,30-35). Como eco ao discurso de Deus (Js 1), a primeira parte se põe assim sob a obediência de todos à Lei mosaica.

É então que surge um fato inesperado: os Guibeonitas, um dos povos que habitam o país, imaginam um estratagema para escapar do massacre que se abate sobre as populações autóctones. Cobertos de pó, as roupas em farrapos, eles se fazem passar por um povo vindo de longe para fazer aliança com os Israelitas. Em um primeiro momento, Josué se deixa iludir, antes de descobrir o subterfúgio deles. Não podendo, porém, fugir ao pacto concluído com eles, vota os Guibeonitas a serviço de Israel (Js 9). Tornado então uma grande força, Israel suscita o temor junto aos povos em volta, os quais se reúnem em uma coalisão de cinco reis contra os invasores. Mas Josué triunfa sem problema no vale de Aialon (Js 10,1-27), coroando as vitórias com a conquista relâmpago também das cidades do Sul (Js 10,28-43); em seguida, as da Alta Galileia, na região de Merom e de Hazor (Js 11). Um quadro de recapitulação resume toda essa primeira parte do livro (Js 12).

A segunda parte do livro se parece mais com um cadastro, por lançar um olhar sobre os territórios ainda a serem conquistados (Js 13) e, em seguida, informando sobre a partilha do território entre as diversas tribos. Uma primeira partilha tem como cenário o santuário de Guilgal: ao sul, entre Caleb (Js 14) e Judá (Js 15); no centro, entre Efraim (Js 16) e Manassés (Js 17). O santuário de Shilô é o cenário de uma segunda partilha, entre outras sete tribos: no centro, Benjamin (Js 18), ao sul, Simeão (Js 19,1-9); ao norte, Zabulon, Issacar, Aser, Neftali e Gad (Js 19,10-47) – sem esquecer a parte pessoal pertencente a Josué em Efraim (Js 10,49-50), e as cidades de refúgio para todo israelita quando culpável por ter involuntariamente matado um homem (Js 20). Por último, vem a tribo de Levi, a ela não foi destinado nenhum território próprio, mas diversas cidades no conjunto do país (Js 21). O capítulo 22 se refere às tribos localizadas na Transjordânia: Gad, Ruben e a meia tribo de Manassés. E ainda nos é narrada a construção de um altar junto ao Jordão, o que marca a conclusão desta segunda parte e, com isso, o livro situa claramente toda a conquista do país em um clímax religioso: tudo se localiza entre a construção de um altar e a leitura da Lei sobre o monte Ebal (Js 8,30-35) e a instituição de um altar perto do Jordão (Js 22,9-34).

Dois capítulos finais encerram esse vasto conjunto. Primeiro, um longo discurso testamentário de Josué, que exorta de novo Israel à fidelidade para com Javé (Js 23). Segundo, uma celebração da aliança feita em Siquém entre o grupo de tribos conduzido por Josué e o povo de Israel, com a finalidade de mostrar um amplo panorama da história, desde a escolha de Abraão até a conclusão da conquista (Js 24,1-28). Cumprida a missão, tudo que Josué tinha a fazer era desparecer e, com ele, toda uma parte das tradições do deserto simbolizadas por sua morte, assim como a morte de Eleazar, filho de Aarão, e, finalmente, o enterro dos ossos de Josué (Js 24,29-33; cf. Gn 50,25 e Ex 13,19). Esse foi um rápido resumo do que é narrado no livro de Josué.

Estrutura do livro de Josué

- Js 1 a sucessão de Moisés: do discurso de Deus a Josué (v. 1-9) ao discurso de Josué ao povo (v. 10-26)
- Js 2–12 a conquista do país
- Prolegômenos: c. 2–5
  - Js 2 envio de espiões a Jericó e acolhida na casa de Raab
  - Js 3–5 travessia do Jordão em Guilgal e seus efeitos (o fim do tempo do deserto)
- Três relatos – exemplos de conquista
  - Js 6 a tomada de Jericó
  - Js 7,1–8,29 a violação do anátema (c. 7) seguida da tomada de Ai (c. 8)
- Js 8,30-35 celebração em torno da Lei
  - Js 9,1–10,27 a aliança com os Guibeonitas (c. 9) seguida da vitória sobre a coalizão de cinco reis
- Ampliação da conquista
  - Js 10,28–11,23 conquista no sul (10,28-43) e no norte (11,1-15)
  - Js 11,16-23 conclusão: "Josué tomou toda a terra" (v. 16 e 23)
  - Js 12 primeiros balanços
- Js 13–22 a partilha do território entre as tribos
  - Js 13 introdução: balanço histórico e geográfico
- Partilha do país entre as tribos por sorteio
  - Js 14–17 partilha feita em Guilgal
  - Js 18–19 nova partilha feita em Shilô
- Dois casos particulares
  - Js 20 cidades de refúgio
  - Js 21,1-42 cidades levíticas

- Js 21,43-45 conclusão: "Tudo se cumpriu" (v. 45)
- Js 22 apêndice: retorno das tribos transjordanianas
• Js 23–24 discurso conclusivo de Josué
  - Js 23 primeiro discurso (fidelidade e idolatria)
  - Js 24,1-28 segundo discurso (releitura da história)
  - Js 24,29-33 morte de Josué e de Fineias; sepultamento dos ossos de Josué (instalação no país).

O livro dos Juízes

De onde vem o nome tradicional do livro? Sem dúvida, vem menos de seu conteúdo, que é muito variado, do que da raiz verbal *safat* "julgar" – no sentido de "tomar uma decisão" (Jz 3,10; 4,4; 10,2.3; 12,7.8.9.11.13-14; 15,20; 16,31) – ideia que atravessa todo o livro. Daí decorre o título *sofet* "juiz" (Jz 2,16.17.18.19), que não designa um homem apto a exercer o direito no sentido judiciário, mas um chefe habituado a "decidir", a conduzir os destinos de um clã, de uma tribo ou até mesmo de um conjunto de tribos. Falando estritamente, contudo, somente Débora (Jz 4,4) exerce uma função de juíza no sentido jurídico do termo. Notemos, além disso, que excetuado o sumário de Jz 2,16-18 ("o Senhor suscitou juízes") ninguém traz esse nome no livro – senão o Senhor mesmo, em Juízes 11,27, justamente no centro do livro.

A origem do termo provavelmente é cananeia ou mesmo possivelmente fenícia, não própria de Israel, já que Amós 2,3 o atribui a Moab. O livro reconhece assim a sucessão de "doze" juízes. No entanto, o tratamento entre eles está longe de ser equitativo. Seis dentre eles (Samgar, Tola, Jair, Ibsã, Elon e Abdon) não têm direito senão a uma breve nota sobre uma função de governo; a respeito deles também é dito a que tribo pertencem (exceto Samgar, cujo nome, aliás, não é hebraico). Ao contrário, os outros seis (Otoniel, Aod, Barac, Gedeão, Jefté, Sansão) são objeto de um relato mais desenvolvido que põe em cena seus feitos guerreiros e as circunstâncias em que salvaram Israel. Mas a distinção mencionada às vezes entre "grandes" e "pequenos" juízes não corresponde bem à realidade, pois Jefté pertence a uma e outra categoria, e os relatos da segunda categoria provêm de tradições diversas. Podemos inclusive perguntar se Sansão é propriamente um juiz, pois aparece mais como um herói isolado, uma espécie hebraica de Robin Hood, com seus feitos heroico-burlescos para azar dos Filisteus. Na redação final do livro, ele nem é apresentado como juiz (Jz 15,20 e 16,31). Precisamos também ter em conta outro verbo igualmente essencial: *yasa^c* "salvar" (Jz 3,31 Samgar; Jz 6,15 Gedeão; Jz 10,1 Tola), e o termo *mosia^c* "salvador" (Jz 3,9 Otoniel; Jz 3,15 Aod), o que permite distinguir entre "juízes" e "salvadores" – uma distinção tanto mais importante quanto o verbo *safat* estar ausente na história de Gedeão! A fusão dos dois tipos de função revela a complexa gênese literária do livro, como também que nenhuma das duas aparece no conjunto Juízes 17–21, quando Elias é qualificado de "juiz" em 1 Samuel 4,18, e Samuel em 1 Samuel 7,15 ("Samuel julgou Israel durante todos os dias de sua vida"). Sem dúvida, portanto, é preciso ver nisso o indício de que Samuel pertenceu primeiro à lista dos juízes, antes de estar ligado aos passos iniciais da realeza (unção de Saul, depois a de Davi).

De um ponto de vista literário, não resta dúvida alguma de que o livro dos Juízes se assemelha a um romance histórico. Está construído ao redor de figuras exemplares extraídas, em sua maioria, do folclore popular das tribos de Israel e até de outros povos (há laços entre o sacrifício da filha de Jefté por seu pai em Juízes 12,29-40 e o de Ifigênia, por Agamenão, em um contexto de guerra semelhante). Aqui não temos mais a visão de Josué que apresentava a conquista sob a égide de um único herói "nacional", como vimos acima. Ao contrário, o livro dos Juízes oferece grande variedade de situações locais, todas descritas segundo um mesmo esquema, enunciado em Juízes 2,11–3,6: com a morte de um juiz, Israel se revolta contra seu Deus; Deus o castiga pelo envio de um adversário; Israel então clama a Deus que lhe suscita um novo juiz, a fim de salvar o povo do perigo. Entretanto, a monotonia desse esquema é rompida pela diversidade de tons, por uma ironia baseada na astúcia de Aod (Jz 3,12-30), por uma grandeza épica, ou até mesmo lírica, na história de Débora e Barac (Jz 4–5), por uma profunda reflexão sobre o poder que emerge da oposição entre Gedeão (Jz 6–8) e seu filho Abimelec (Jz 9) e, para terminar, pelo tom picaresco das façanhas de Sansão (Jz 13–16).

Mas o livro não se reduz a essa galeria de heróis tão pouco ordinários. Apresentando duas histórias bem diferentes – a migração em direção ao norte pela tribo de Dã (Jz 17–18) e a guerra tribal contra Benjamim (Jz 19–21) – o conjunto que o envolve é atravessado por um refrão que mostra sua importância: "Nesse tempo não havia rei em Israel, e cada qual fazia o que lhe parecia correto". Esse refrão é repetido sob uma forma desenvolvida em Juízes 17,6 e 21,25 e abreviada em Juízes 18,1 e 19,1. Por isso, o livro dos Juízes pode ser lido sob o prisma de um panfleto político que diz respeito às instituições e ao exercício do poder em Israel, antecipando assim o pedido feito pelos Anciãos ao profeta Samuel para terem um rei à frente deles (cf. 1Sm 8,1-22). Desse modo, serve de ligação importante entre o tempo da conquista (Josué) e o período real (Samuel–Reis).

| Jz 1,1–2,5 1ª introdução, diversas tradições sobre a conquista (independentes de Josué) |
| Jz 2,6–3,6 2ª introdução, a tese teológica do livro (de redação deuteronomista) |
| Jz 3,7–16,31 corpo do livro, notícias sobre os "Juízes" |

Otoniel 3,7-11	Aod 3,12-30		Barac 4,1–5,31	Gedeão 6,1–9,57		Jefté 10,6–12,7		Elon 12,11-12	Abdon 12,13-15	Sansão 13,1–16,31
Judá (Caleb)	Benjamim		Neftali	Manassés		Guilead: Gad		Zabulon	Efraim	Dã
Aram	Moab		Canaã	Madiã		Amon				Filisteia
		Samgar 3,31			Tola 10,1-2	Jair 10,3-5	Abesã 12,8-10			
					Issacar	Guilead Maquir	Aser (Cf. Js 19,15)			
		Filisteia								

| Jz 17–18 1ª conclusão, a migração da tribo de Dã |
| Jz 19–21 2ª conclusão, a guerra tribal contra Benjamim |

Os livros de Samuel

Mesmo que a tradição judaica atribua a redação desses livros ao profeta Samuel, tal atestação continua artificial, pois a figura deste profeta só aparece na primeira parte da obra (1Sm 1–3; 7; 9–10; 12; 13; 15–16; 25 e 28). A atribuição desses livros a Samuel mostra a importância reconhecida a esse personagem no nascimento da realeza israelita, que é o objeto deles. Além disso, ela não é neutra, pois indica um tipo de escrita que diz respeito menos a uma historiografia oficial do que a uma reflexão profética.

Notemos também que, apesar de relativamente recente, a divisão da obra em dois livros não é anterior à tradução ao grego dos Setenta, que fala de quatro livros dos Reinos, correspondendo no texto hebraico a 1–2 Samuel + 1–2 Reis. Apesar disso, convém olhar esses dois livros como um conjunto orgânico que apresenta com Saul, depois com Davi, o aparecimento da realeza em Israel em uma ruptura com o tempo dos Juízes.

Um primeiro bloco (1Sm 1–7) conta a história de Samuel, mesmo que ele não esteja presente nos capítulos 4 a 6, consagrados às peregrinações da Arca da Aliança, sua captura pelos Filisteus e seu retorno milagroso a Israel. Quanto ao restante, estes capítulos descrevem a figura de Samuel: primeiro a serviço do santuário de Silo e depois como profeta e juiz. Com isso chega ao fim uma etapa da história, quando os Anciãos reclamam a instituição de um rei. Abre-se então um segundo bloco de relatos, marcado pela exigência dos Anciãos e o conflito crescente entre Samuel e Saul. Podemos subdividi-lo, distinguindo a "busca da realeza" (1Sm 8–12) e a lenta "rejeição de Saul" (1Sm 13–15). Uma simples leitura, porém, mostra que 1 Samuel 8–12 combina diferentes pontos de vista sobre o rei, unindo o positivo e o negativo, até o grande discurso de Samuel em 1 Samuel 12, que abarca a instituição real com um olhar de mais longo alcance, para além de seu nascimento, pois já alude ao exílio que virá. Esse olhar muito crítico que será abordado mais adiante se prolonga com o conflito que opõe o rei (Saul) ao profeta (Samuel), e será no segundo conjunto: 1Sm 13–15. Um julgamento profético que transforma o chefe de guerra em rei que transgrede as leis se une a uma alusão mais histórica referente à guerra entre Israel e os Filisteus, até a rejeição total por Samuel. O ponto de onde não há mais volta é atingido em 1 Samuel 15,26 quando Samuel diz: "Não voltarei contigo: porque rejeitaste a palavra de Javé, Javé te rejeitou, para que não sejas mais rei sobre Israel".

É nesse contexto de impasse da realeza de Saul que começa a história do jovem Davi, a partir de 1 Samuel 16, e aqui temos a grande reviravolta do livro. De maneira geral, podemos distinguir também aqui duas grandes sequências. A primeira, que podemos designar "a subida ao trono", estendendo-se da unção secreta do jovem pastor pelo profeta Samuel (1Sm 16) até sua unção pública pelos Anciãos de Israel (1Sm 5,3). Essa dupla apresentação da unção de Davi coloca de repente a questão da relação entre os dois relatos e prolonga a conceptualização teológica abordada desde o relato de 1 Samuel 8. Sinal de certa complexidade redacional, essa longa sequência é marcada por numerosas rupturas e por grande variedade de tons, sem que a trama sofra com isso verdadeiramente. Tudo gira aqui entre a amizade (por parte de Jônatas) e o ódio (por parte de Saul) que envolve o jovem Davi: em um primeiro tempo, o herói é excluído da corte; em seguida, ele se torna mercenário a serviço do rei de Gate. Assim, todo esse conjunto oscila entre a rivalidade sempre maior entre Saul e Davi e a afirmação do poder do jovem Davi, que o conduz à realeza, enquanto Saul morre tragicamente (1Sm 31).

Entretanto, Davi ainda deve vencer o fraco Isbaal que sucede a seu pai Saul, iniciando um conflito fratricida (2Sm 2–4). Apenas depois da unção de Davi pelos Anciãos de Israel (2Sm 5,1-5), após sua conquista de Jerusalém (2Sm 5,6-16) e sua dupla vitória sobre os Filisteus (2Sm 5,17-25), é que seu reinado se torna realidade sobre o Israel inteiro. Um reino marcado por acontecimentos gloriosos (2Sm 6: a transferência da arca da aliança a Jerusalém; 2Sm 7: o oráculo dinástico), mas também por acontecimentos trágicos, como o adultério do rei com Betsabeia (2Sm 11–12) e suas consequências fatais: a espada que opõe o ambicioso Absalão a seu pai Davi (2Sm 15–19). Assim, notamos como este segundo conjunto qualificado de "sucessão ao trono" (2Sm 13–20) vem desconstruir na escritura "a subida ao trono" do jovem herói. Mas esse longo desfilar de intrigas e de lutas familiares serve de degrau para que suba o jovem Salomão, "o amado por Deus" (2Sm 12,24-25), que, por sua vez, deverá se impor como rei (1Rs 2).

Ainda um último conjunto de relatos (2Sm 21–24) leva adiante a reflexão do livro sobre as fortunas e infortúnios que atingem a figura de Davi. Mas semelhante desfecho contrasta fortemente com o de Saul, pois, ao contrário de Saul, o comportamento de Davi pode afastar de Israel a cólera divina (2Sm 21,14; 24,25). O próprio relato apela para esse jogo de comparação, recordando de maneira negativa o agir de Saul (2Sm 21,1s), enquanto 2 Samuel 24 culmina na determinação da localização do futuro templo (a eira de Areúna) feita por Davi.

Juntando esses diversos elementos, pode-se propor a seguinte estruturação dos livros de Samuel, distinguindo o que diz respeito ao fio condutor da história (primeira coluna) e o que pertence a uma reflexão crítica sobre a instituição real (segunda coluna):

Seções narrativas (desenvolvimento da história)	Seções reflexivas (olhar crítico sobre a pessoa do rei)
1. o fim da época dos juízes: Samuel, Elias e a Arca (1Sm 1–7) c. 1-3 infância de Samuel em Silo c. 4-6 história da Arca (tomada da Arca, morte de Elias, retorno da Arca) c. 7 Samuel intercessor e Juiz	
	2. As origens da realeza (1Sm 8–12): Um jogo de contraste c. 8 pedido de um rei em Ramá (−) c. 9-10,16 unção secreta de Saul (+) c. 10,17-27 designação de Saul em Masfa (−) c. 11 vitória de Saul sobre os Amonitas (+) c. 12 discurso de Samuel (−)
3. os inícios do reinado de Saul (1Sm 13–14) c. 13 preparativos de guerra c. 14 vitória sobre os Filisteus	
	4. de Saul a Davi (1Sm 15–16): um jogo de figuras antitéticas c. 15 condenação/destituição de Saul c. 16 eleição/designação (secreta) de Davi
5. a ascensão de David (1Sm 17–2Sm 4) c. 17-20 subida de Davi à corte do rei c. 21-26 andanças de Davi fora da corte do rei c. 27-30 Davi, mercenário em meio aos Filisteus	

Seções narrativas (desenvolvimento da história)	Seções reflexivas (olhar crítico sobre a pessoa do rei)
1Sm 31–2Sm 1 derrota e morte de Saul em Gelboé c. 2Sm 2-4 Davi, rei de Judá	
	6. os fundamentos da realeza davídica (2Sm 5–8) c. 5 vitórias de Davi, rei de Israel e de Judá (conquista de Jerusalém; derrota dos Filisteus) c. 6 a Arca em Jerusalém (eleição da cidade) c. 7 o oráculo de Natã (eleição dinástica) c. 8 vitórias de Davi (constituição de um "império")
7. a sucessão de Davi (2Sm 9–20) c. 9 Davi e "o resto" de Saul c. 10-12 no contexto das guerras amonitas, o adultério de Davi e o nascimento de Salomão c. 13-14 intrigas de palácio: violação de Tamar morte de Amnon, exílio de Absalão c. 15-17 rebelião de Absalão e fuga de Davi c. 18-19 morte de Absalão e volta de Davi c. 20 revolta de Seba, o "fiel" de Saul	
	8. apêndices: as condições de uma "boa realeza" davídica (2Sm 21–24) c. 21,1-14 a fome c. 21,15-22 os valentes de Davi c. 22 Salmo de Davi c. 23,1-7 últimas palavras de Davi c. 23,8-39 os valentes de Davi c. 24 a peste

Os livros dos Reis

Livro estranho, este livro dos Reis! Pois se conta a história de dois reinos – Israel e Judá – muitas vezes mais rivais do que irmãos, ele o faz de maneira parcial, até mesmo parcial, atribui a cada rei alguns pontos bons e maus. O critério escolhido não é a grandeza militar nem o poderio econômico de cada reino, mas a retidão em fazer "o que é justo aos olhos do Senhor", e isso começa pela fidelidade ao templo de Jerusalém. Cada informação é de certa maneira enquadrada nesse esquema judiciário rígido, ao qual nenhum dos soberanos escapa. Mesmo se o livro conta a história paralela dos dois reinos, como estabelecer equilíbrio entre os dois sendo que um deles, o de Judá, era centrado ao redor do templo de Jerusalém, e o outro, o de Israel, que se voltou para dois ídolos de metal, um no santuário de Betel e outro no santuário de Dã (1Rs 12,26-30)? Inicialmente os dados parecem jogados – apesar de Jerusalém não ser mais poupada que sua rival Samaria. Ao leitor que exige mais rigor histórico, frustrado sobretudo por não conhecer tudo em relação aos fatos e ações de cada rei, o livro faz referência a outra obra, quando sistematicamente conclui: "Tudo isso não está escrito nos Anais dos reis de Israel e de Judá?".

Mas esboçar um projeto que não se confunde com a celebração de figuras ilustres do passado não é estabelecer uma certa distância? Se o livro dos Reis apresenta de fato uma galeria de retratos, alguns com cores salientes e outros reduzidos a uma pequena nota, não é de forma alguma uma obra servil, do trabalho de agente de corte lisonjeando o príncipe. A primeira parte (1Rs 1–11) descreve o reino de Salomão como um rei cheio de sabedoria, um período em que o reino ainda unido experimentou o esplendor e grandeza que culminou com a construção do templo. No entanto, o final desse reino está marcado pela apostasia do rei e pelo julgamento profético a seu respeito (1Rs 11). Começa então a história paralela dos dois reinos, Israel e Judá, desde a ruptura da unidade (1Rs 12) à queda de Samaria (1Rs 17). É o tempo do "pecado de Jeroboão", o rei israelita que desviou o coração de seu povo, afastando-o do templo de Jerusalém; isso preludia toda uma série de soberanos ímpios, em cujo primeiro lugar na fila desponta Acabe, em luta com o profeta Elias Judá, no entanto, é poupado, porque seus reis oferecem sacrifícios sobre os Lugares Altos, santuários que o livro considera idolátricos porque transgridem a lei da unicidade do santuário (cf. Dt 12). Com a queda de Samaria, o reino de Judá continua sozinho em cena na última parte do livro (2Rs 18–25) e, se alguns de seus reis aparecem como bons aos olhos do autor (Ezequias e, mais ainda, o reformador Josias), eles não podem suspender o "pecado de Manassés" (a introdução de ídolos no templo de Jerusalém), o que conduz inevitavelmente também esse reino à ruína (2Rs 24–25). Assim, da magnificência de Salomão à ruína de Jerusalém, vencida pelos exércitos estrangeiros, o livro conta a história de um fracasso – poderíamos mesmo dizer que ele "presta contas" de um fracasso; que ele redige a crônica de uma morte já anunciada pelo profeta Samuel, bem no início dessa história: "Se temerdes a Javé e o servirdes; se lhe obedecerdes e não vos opuserdes ao que ele disser; se todos vós e o rei que reina sobre vós seguirdes a Javé, vosso Deus, então tudo irá bem! Mas, se não obedecerdes a Javé; se vos revoltardes contra a sua vontade, então a mão de Javé pesará sobre vós e sobre vossos pais" (1Sm 12,14-15). O que era promessa divina – a eleição de uma dinastia perene com Davi (cf. oráculo de 2Sm 7,8-16) – no fim se torna uma participação no luto. E Sedecias, o último rei davídico, cegado e levado acorrentando ao exílio (2Rs 25,7), sela para seu povo um destino trágico, iniciado quatro séculos antes. Contudo, uma lufada de esperança nessa história de som e fúria surge do anúncio final do retorno em graça de Joaquim (o rei deportado em 597 a.C.) junto ao novo senhor da Babilônia, Evil-Merodaque, em 561 a.C. (2Rs 25,27-30). Com ele, permanece uma luz fraca na lâmpada de Davi, e a história não está totalmente perdida nem inteiramente terminada.

Se o livro esboça um quadro pouco lisonjeador dos reis de Israel e de Judá, opõe a eles uma figura positiva: o profeta, mensageiro da palavra divina. De Ahiá de Shilô, anunciando a ruptura do reino salomônico a Jeroboão em fuga (1Rs 11,29-39), até aquelas vozes anônimas do tempo de Manassés (2Rs 21,10-15), ressoa sem cessar a palavra dos profetas como um contrapoder que anuncia o mais das vezes a perda parcial ou total da realeza. Longe de ser uma palavra dispersa, dá justamente sentido à história, toma corpo em numerosos relatos (ver, por exemplo, 1Rs 13–14) e se constitui inclusive em verdadeiros ciclos narrativos com as histórias de Elias (1Rs 17–19 + 21; 1Rs 1–2) e de Eliseu (1Rs 19,19-21 + 2Rs 2; 4,1–8,15; 9,1-13 e 13,14-25). Eis o que dá ao livro seu tom teológico, tanto mais singular quanto – excetuado Isaías, em 2 Reis 18–20, e Jonas, depois de uma breve nota sobre Jeroboão II (2Rs 14,25) – as grandes figuras proféticas (Amós, Oseias e Jeremias) estão ausentes do livro. E assim teríamos aqui colocada a questão da composição do livro e de suas relações com os livros proféticos. Questão que continua em aberto por falta de documentação suficiente. Para concluir, eis abaixo, de maneira esquemática, a representação da história no livro dos Reis, segundo a sincronia dos diversos reinos:

(a) o reino unificado: 1Rs 1–11

Salomão (970-933)

(b) Os reinos divididos de Judá e de Israel: 1Rs 12 a 2Rs 17

JUDÁ	ISRAEL
Roboão (933-916): 1Rs 12,1-19 1Rs 14,21-31	Jeroboão (933-911): 1Rs 12,26-33; 1Rs 13,1–14,20
	Nadab (911-910): 1Rs 15,25-31
Abiam (915-913): 1Rs 15,1-8	
	Baasa (910-887): 1Rs 15,33–16,7
Asa (912-871): 1Rs 15,9-24	
	Elá (887-886): 1Rs 16,8-14 Zambri (886): 1Rs 16,15-20 Tibni (886-882?): 1Rs 16,21-22 Omri (886-875): 1Rs 16,23-28 Acabe (875-853): 1Rs 16,29–22,40
Josafá (870-846): 1Rs 22,41-50	
	Ocozias (853-852): 1Rs 22,52–2Rs 1,18
Jorão (848/846-841): 2Rs 8,16-24	
	Jorão (852-841): 2Rs 3–9
Ocozias (841): 2Rs 8,25-29 + 9,27-29	
	Jeú (841-814): 2Rs 9–10
Atália (841-835): 2Rs 11	
	Joacaz (814-803): 2Rs 13,1-9
Joás (835-796): 2Rs 12	
	Joás (803-787): 2Rs 13,10-25
Amasias (811/796-782): 2Rs 14	
	Jeroboão II (787-747): 2Rs 14,23-29
Ozias (780/782-740): 2Rs 15,1-7	
	Zacarias (787): 2Rs 15,8-12
Joatão (740-735): 2Rs 15,32	
	Salum (747-746):2Rs 15,13-16
Acaz (735-716): 2Rs 16	
	Manaém (746-737): 2Rs 15,17-22 Faceias (736-735): 2Rs 15,23-26 Faceia (735-732): 2Rs 15,27-31 Oseias (735-722): 2Rs 17,1-6 Reflexões sobre a queda de Samaria: 17,7-41

(c) O reino único de Judá: 2Rs 18–25

Ezequias (716-687): 2Rs 18–20
Manassés (687-642): 2Rs 21,1-18
Amon (642-640): 2Rs 21,19-26
Josias (640-609): 2Rs 22,1–23,30
Joacaz (609): 2Rs 23,31-35
Joaquim (609-598): 2Rs 23,36–24,7
Joaquim [Jeconias] (598-597): 2Rs 24,8-17
Sedecias (597-587): 2Rs 24,18–25,26
Conclusão: 2Rs 25,27-29 soltura de Joaquim (561)

Além dessa divisão cronológica, cada uma das partes se distingue também por seu quadro e seus temas-chave:

1ª parte (A)	2ª parte (B)	3ª parte (C)
Salomão e o Reino unificado: 1Rs 1–11	Israel e Judá: 1Rs 12–2Rs 17	Judá: 2Rs 18–25
Quadro	Quadro	Quadro
1Rs 1,1: velhice de Davi 1Rs 11,43: morte de Salomão	1Rs 12,1: Roboão, rei de Judá 2Rs 17,41: os erros dos samaritanos	2Rs 18,1: Ezequias se torna rei 2Rs 25,30: Joaquim perdoado
Temas-chave (A)	Temas-chave (B)	Temas-chave (C)
Sabedoria, avaliação, astúcia: 1Rs 2,6.9; 3,12.28; 5,9-11.14-21.26; 7,14; 10,4.6-8. 23-24; 11.41 Realeza consolidada: 1Rs 2,12.46; 9,5	Pecado de Jeroboão: 1Rs 12,28-30; 13,33-34; 15,26.30.34; 16,2; etc. Lugares Altos: 1Rs 12,31; 14,23; 15,14; etc.	Fazer o que é direito aos olhos do Senhor: 2Rs 18,3; 22,2 Fazer o que mau aos olhos do Senhor: 2Rs 21,2.20; 23,32.37; 24,19

Semelhante conceituação vem seguramente de uma visão teológica, coisa que convém não esquecer ao nos questionarmos nos próximos capítulos sobre a relação do livro dos Reis com a História.

3
Uma obra teológico-literária: a historiografia deuteronomista

Já nos referimos à história deuteronomista em nosso primeiro capítulo. Mas, de que se trata e como caracterizá-la?

Uma hipótese como ponto de partida: a obra de um único compilador

Tudo se originou de um pequeno opúsculo modestamente intitulado "Estudos de história de tradições. Primeira parte" (*Überlieferungsgeschichtliche Studien* 1), escrito em plena Segunda Guerra mundial (1943) pelo exegeta alemão Martin Noth, segundo o qual o grande conjunto Josué–Reis foi redigido à luz do Deuteronômio por um judeu que procurava explicar a catástrofe que a ruína do templo e o fim do reino judeu (586 a.C.) significavam a seus olhos. Noth se beneficiava do trabalho de antecessores, especialmente de Wilhelm Martin Leberecht de Wette (1780-1849), que foi o primeiro a identificar o livro encontrado no templo por ocasião dos trabalhos de restauração durante o reinado de Josias (cf. 2Rs 22) com o próprio Deuteronômio.

Lançando a hipótese de que a tradição histórica do Antigo Testamento chegou a nós em grandes obras de "compilação", Noth pensa que a história deuteronomista forma uma unidade dependente do Deuteronômio, do qual ela segue a linguagem e o pensamento. Assim, a ordem dada por Moisés em Deuteronômio 11,29: "Quando Javé teu Deus te houver introduzido na terra em que estás entrando a fim de tomares posse dela, colocarás a bênção sobre o monte Gerizim, e a maldição sobre o monte Ebal" é executada por Josué em Josué 8,30-35; enquanto a advertência de Deuteronômio 6,12-15:

> Fica atento a ti mesmo! Não te esqueças de Javé que te fez sair da terra do Egito, da casa da servidão. É a Javé teu Deus que temerás. A ele servirás e pelo seu nome jurarás. Não seguireis outros deuses, qualquer um dos deuses dos povos que estão ao vosso redor, pois Javé teu Deus é um Deus exigente, que habita em teu meio. A cólera de Javé se inflamaria contra ti, e ele te exterminaria da face da terra.

dá sua estrutura ao conjunto do livro dos Juízes. Mais ainda, a sanção anunciada nesses versículos encontra seu pleno cumprimento em 2 Reis 25,21: "Assim, Judá foi deportado para longe de sua terra".

Isso instaura na obra uma tensão entre o anúncio e seu cumprimento.

Dando mais um passo, Noth atribui esse trabalho a um único autor, um judeu não deportado, que escrevia na Samaria perto de Mispá e Betel por volta do ano 550 a.C. Tal data depende, em parte, do dado de 2 Reis 25,27-30, que informa sobre o último acontecimento da obra. É sobre esse último ponto que Martin Noth manifesta melhor a originalidade de sua abordagem, mas também os limites de sua hipótese, reduzida a um único fator: dar conta teologicamente do fim da história judaica.

Antes de continuar, notemos, observando a tabela, a coerência desse conjunto que leva a uma periodização do tempo a partir dos grandes discursos feitos pelos principais heróis no fim de cada etapa:

Grande períodos	Escritos	Discursos recapitulativos
1. o Tempo dos Pais (origens)	O Deuteronômio	Dt 1–3; 4; 27–30 Fundamentos da lei por meio de bênçãos/maldições
2. o Tempo da Conquista	O livro de Josué	Js 1 Obedecer à lei Js 23 Ouvir a lei – anúncio do exílio
3. o Tempo dos Juízes	O livro dos Juízes + 1Sm 1–12	1Sm 12 Obedecer à lei – anúncio do exílio
4. o Tempo dos Reis	1Sm 13 a 2Rs 25 - O reino unificado - Os dois reinos, Israel e Judá - O único reino de Judá	1Rs 8 Ouvir a lei 2Rs 17 A queda de Samaria, anúncio profético para Judá 2Rs 25 Cumprimento dos anúncios proféticos

Com grande evidência, esse "autor" haure em fontes narrativas que são anteriores a ele, como os Anais reais, o "livro do justo" (Js 10,13; 2Sm 1,18) e diversas tradições de santuários (Silo, Betel, Jerusalém etc.) e fontes proféticas dos séculos IX–VIII a.C. (Ahiá de Shilô; ciclo de Elias; ciclo de Eliseu etc.). Trata-se, por conseguinte, de um compilador. Não podemos senão admirar o trabalho realizado por ele: uma obra etiológica que procura informar sobre o trágico destino do reino de Judá. Ele vê nisso a consequência de uma constante revolta contra

Deus e da apostasia de seus reis, que nem o "santo" rei Josias pôde conter. Definitivamente, trata-se de uma leitura trágica da história que, precisamos reconhecer, deve muito à experiência de Martin Noth quando redige sua obra, conforme observa Thomas Römer (*Theolib*):

> Para ele, o autor da história deuteronomista é um homem solitário que não é membro nem do clero, nem da *intelligentsia* oficial. Ele não depende de nenhuma instituição e não tem contas a dar a ninguém. Ao que parece, Noth imagina que o Deuteronomista é um intelectual solitário que, após a catástrofe, encerrado em seu gabinete de trabalho, se põe a fazer um balanço da história do povo ao qual ele pertence. Comparando a concepção do autor deuteronomista e sua visão da história com a própria visão de Noth, o paralelismo se impõe por si mesmo. Com efeito, Noth escreve sua obra sobre a história deuteronomista no momento em que as guerras e os extermínios provocados por seu povo devastaram a Europa e a Alemanha. Bem como seu Deuteronomista, Noth não se sentia comprometido em relação a nenhuma instituição, e se pode facilmente imaginar que o pessimismo em face ao futuro que ele atribui ao Deuteronomista correspondia em realidade à sua análise da situação do mundo contemporâneo. A situação histórica e sociológica do inventor da hipótese da "história deuteronomista" permite sem dúvida compreender melhor algumas de suas afirmações sobre o Deuteronomista que hoje estão sendo contestadas.

Sem invalidar a hipótese, o que vimos nos convida a reavaliá-la hoje, ressaltando certos pontos positivos negligenciados por Noth, começando pela dinâmica do oráculo dinástico (2Sm 7) a serviço das reformas cultuais de Josias (2Rs 22–23) ou a ligação entre a confissão de fé em Deuteronômio 6,4-6 e o julgamento proferido em 2 Reis 23,25: "Não houve antes dele (Josias) rei algum que se tivesse voltado, como ele, para Javé, de todo o seu coração, de toda a sua alma e com toda a sua força, em toda a fidelidade à Lei de Moisés; nem depois dele houve algum que se lhe pudesse comparar".

Uma reavaliação da hipótese

À luz do que vimos, pode-se tentar fazer a seguinte síntese. Uma primeira fase redacional dessa história foi empreendida sob o reinado de Josias (século VII a.C.), sutil imbricação de uma produção literária dos escribas judeus e da propaganda real a serviço de uma grande reforma do culto, visando a centralização do templo de Jerusalém. É preciso falar menos aqui de redação historiográfica contínua do que de "peças de arquivos" que, em sua temática e composição escrita, sofreram a influência da literatura neoassíria (especialmente a forma guerreira e agressiva dos relatos). No reinado de Josias, essa escola de escribas transpôs peças inspiradas na epigrafia de um império assírio que foi objeto de terror e ao mesmo tempo modelo para toda a região. A essa primeira etapa se deve o núcleo do Deuteronômio (quadro teológico) e certos escritos que exaltam a conquista (Js 1–15) ou o heroísmo de Davi e a legitimação de sua dinastia (2Sm 7), além do esboço de uma história real culminando em Josias.

Portanto, é somente a segunda fase, escrita durante o período neobabilônico (o exílio do século VI a.C.) que procura dar conta do revés sofrido pelos reis, apresentado antes como modelo de salvação. Apesar de Josias e das reformas, Judá, por sua vez, também soçobrou. É verdade, a queda da Samaria já fora uma advertência, mas onde encontrar o verdadeiro culpado? O livro o indica como sendo Manassés, cujo pecado foi a introdução de ídolos pagãos em pleno templo, em particular o culto da "rainha dos céus"; voltaremos a isso logo mais. Por ora, notemos simplesmente que no deparamos aqui com os grandes eixos teológicos da história que, naquele tempo, Noth atribuía a seu Deuteronomista.

Entretanto, a elaboração literária dessa história não parou, e uma terceira fase de desenvolvimento aconteceu nos diversos retornos dos exilados durante o período persa (século V a.C.). Agora, o acento é posto sobre a eleição de Israel, e abre espaço para uma visão segregacionista do povo, restrito apenas aos exilados de 597 a.C. (cf. Dt 7; Dt 9,16). Junta-se a isso um estrito monoteísmo, ultrapassando a visão mais antiga de uma divindade protetora do reino que não excluía outros deuses (Dt 4; Dt 26,12-15), além do papel positivo exercido pela diáspora judaica. Assim, a reabilitação final do rei Joaquim (2Rs 25,27-30) usa convenções literárias dos "romances de diáspora" que se encontram nas histórias de Ester e Mardoqueu, de José (Gn 37–45) e da primeira parte do livro de Daniel (Dn 2–6). Nesse contexto, a lei se estende além do país para se tornar uma "pátria peregrina", como se escreverá sobre os umbrais de toda casa judaica (Dt 6,6-9).

Como vemos, a composição dessa história acompanha as importantes etapas do povo hebreu em resposta a questionamentos que tocam em sua mais profunda identidade. Mas o que dizer da relação com aquilo que será qualificado, na falta de melhor expressão, de "história normal", segundo o historiador Mario Liverani em sua obra *A Bíblia e a invenção da história*?

4

Do relato à história, um outro olhar à luz da arqueologia

Tema 1

A forte intencionalidade teológica que marca este conjunto de livros dificulta vermos neles uma representação fiel da história passada. Mas isso se deve ao fato de que a entrada tardia do texto em Israel (dificilmente antes do século VIII a.C.) não permite ir além da data dos fatos nele narrados, o que dá a entender que as origens longínquas de Israel se perdem nas brumas do tempo. Sem dúvida, a oralidade estava então mais em voga do que hoje, mas a conservação de uma memória histórica sobre tantos séculos tem que ver com mito. Deve-se concluir que a história contida nesses livros vem em grande parte da reconstrução tardia dos escribas judeus, naturalmente à luz de seu presente.

Quererá isso dizer, então, que o relato não deixa transparecer nada de uma história real? Ou simplesmente serão esses livros puras ficções? A resposta exige muitas nuances, como veremos neste capítulo. Em primeiro lugar, convém sem dúvida fazer distinções entre os períodos a que nos referimos. É certo que quanto mais nos aproximamos dos séculos VIII ao VI, mais a informação referida se mostra exata, porque permite a verificação das fontes. É a época em que os dois reinos de Israel e de Judá entram em contato com seus poderosos vizinhos (o Egito e sobretudo a Assíria), com um nível cultural bem elevado. É o caso dos reis Omri e Acabe, documentados também fora dos relatos bíblicos; o primeiro, na estela moabita do rei Mesa; e o segundo, nos Anais do soberano assírio Salmanasar III. Assim, a historicidade do livro dos Reis se torna reforçada. Porém, dois pontos continuam muito debatidos: o da conquista do país por Josué e o de um grande império israelita sob Davi e Salomão.

Teria havido uma conquista violenta da terra pelas tribos israelitas?

Durante a leitura do livro de Josué, vimos que apresenta um relato bem torneado. A narração praticamente não traz problemas, fora, sem dúvida, a descrição do desabamento dos muros de Jericó ao som das trombetas (Js 6). Mas houve quem tenha procurado interpretar esse relato da conquista de Jericó de uma maneira racional, dizendo que houve um trabalho de solapamento dos muros enquanto os tocadores de trombetas ofereciam uma diversão aos assediados, distraindo-os! Entretanto, uma leitura mais atenta oferece bastantes problemas, a começar pela estreiteza da superfície conquistada (o território de Benjamim), se excetuamos certas generalidades aventadas em Josué 10–11. Trata-se, por conseguinte, da região muito disputada pelos reinos de Israel e de Judá ao longo de toda história.

Outro desses problemas, ainda maior, sobrevém da comparação com outros cenários bíblicos inconciliáveis com o que se entende como ideal para uma conquista relâmpago.

Especialmente a visão aparentemente mais realista do livro dos Juízes, segundo a qual porções inteiras do território ficaram fora do poder dos israelitas antes da época real. Por isso, alguns opõem um "tempo da conquista" (Josué) a um "tempo da instalação" (Juízes). Mas como explicar que a visão diferente de Juízes 1 se encontra também em alguns lugares do livro de Josué (Js 13,2-6; 15,13-19; 17,14-18; 19,47; 23,7-13)? As diversas representações de tribos engajadas individualmente na conquista de seu território se afastam do esquema geral de uma conquista unitária conduzida por um chefe. Com isso aliás ainda não acabam os problemas, pois o livro de Josué apresenta ainda outro cenário, igualmente nada compatível com o clima bélico do livro, isto é, o de uma entrada pacífica nas regiões isoladas das montanhas centrais (Js 17,16-18).

Ao entrar nos detalhes das tradições, poderiam se juntar outras aporias a essas primeiras observações. A título de exemplo, como conciliar o dado de Juízes 1,8 "os filhos de Judá atacaram Jerusalém e a tomaram" e o relato de 2 Samuel 4,6-9 que atribui essa mesma façanha a Davi bem mais tarde? Não haveria aí uma apologia antecipada da tribo de Judá que, exterminando a população cananeia da cidade, deu prova de maior sabedoria política do que Benjamim, que se acomodou habitando junto com populações estrangeiras segundo Juízes 1,21? Além disso, esse dado é enfraquecido por Josué 15,63, segundo o qual, "aos jebuseus, que habitavam em Jerusalém, os filhos de Judá não puderam expulsar". Poderíamos multiplicar exemplos desse tipo. Visto isto, é necessário concluir que de um estrito ponto de vista literário os livros de Josué e de Juízes apresentam visões contraditórias, impedindo uma apresentação simplista da conquista do país.

As maiores dificuldades, porém, surgem menos desses detalhes do texto do que de uma impressão geral do conjunto: de acordo com o olhar de estudiosos de uma história atenta ao conjunto dos dados – história conduzida pelos arqueólogos e historiadores da região siro-palestinense – o livro de Josué aparece como fora de contexto. Assim, por exemplo, nada deixa entrever a forte influência egípcia na região do fim da Idade do Bronze Recente ao início da Idade do Ferro (1400-1200 a.C.), bem atestada pelas cartas de Amarna, uma espécie de correspondência diplomática entre reis vassalos (pequenos monarcas) do país e o Faraó do Egito. Também o sistema palaciano das Cidades-Estado, que dá a Canaã sua estrutura política, está quase inteiramente oculto, a não ser de maneira bastante esquemática pela evocação dos muros de Jericó (Js 6) e de Ai (Js 8). Contudo, mesmo aí o relato bíblico é enfraquecido pelos dados arqueológicos. Assim, as escavações empreendidas nos anos 1950 no sítio da antiga Jericó (*Tell es-Sultan*) revelaram que a cidade não tinha mais muros desde 1550 a.C. e, excetuados os vestígios de ocupação parcial antes de um abandono total do lugar por volta dos anos 1275 a.C., eles foram reconstruídos somente sob o domínio do rei Acabe (975-853) (1Rs 16,34). Igualmente, a grandeza da cidade de Ai (*el-Tell*) cessa brutalmente por volta de 2400 a.C. Depois de um longo período de abandono, parece que o lugar foi novamente ocupado com a construção de uma modesta aldeia em torno do ano 1200 a.C., mas essa ocupação de curta duração (só cento e cinquenta anos) termina definitivamente por volta de 1050 a.C., sem dúvida por causa de um terremoto que deslocou a nascente que alimentava *a* fonte. Em ambos os caso, nada há, portanto, que fundamente a epopeia da conquista israelita.

Convém por isso procurar outros modelos para explicar a etnogênese de Israel, que mostrem ao mesmo tempo continuidade e ruptura ao longo de todo o período, até promover uma nova sociedade (assim chamada por Mario Levirani) nas colinas centrais da Samaria – e em menor medida na Judeia – entre o século XII e o século XI. Tendo em vista os registros arqueológicos de superfície, a multiplicação de cidades por volta dos anos 1200 a.C. na montanha central (Judeia-Samaria) mostra que os protoisraelitas viviam nessas colinas, onde levavam uma vida de agricultores e criadores. O número de sítios nessas terras altas aumentou de vinte e nove sítios na Idade do Bronze tardia (séculos XIV-XIII) para duzentos e cinquenta e quatro sítios da Idade do Ferro I (século XII), com maior densidade na parte norte, o futuro reino de Israel. Trata-se de uma população seminômade em vias de sedentarização, cuja cultura material muito simples é característica de uma economia de subsistência. A forma particular do habitat (forma ovoide das cidades empoleiradas em terrenos altos, notadamente em Izbet Sartah) atesta uma população agropastoril que se distinguia das Cidades-Estado da planície (Megido, Hazor, Gezer). Esta implantação beneficia-se de diversos fatores, como o desenvolvimento do trabalho com ferro na fabricação de armas e de instrumentos de trabalho, além da derrubada de bosques permitindo o aumento de superfícies agrícolas para a cultura em terraços. Junta-se a isso a abertura de canais subterrâneos, permitindo melhor irrigação. A fronteira cultural entre esse mundo que emerge nas colinas centrais e o mundo cananeu, vivendo nas planuras, parece evidente: a organização social dessa "nova sociedade" parece mais comunitária, enquanto a ausência de ossos de porcos nas fossas deixadas por essas cidades (tabu religioso ou outros hábitos alimentares?)

constitui um marco étnico que permite ver aí "protoisraelitas". É neste quadro, com uma mudança interna na sociedade cananeia, antes que de uma contribuição brutal de tribos vindas do deserto, que se efetua a etnogênese de Israel. Contudo, não podemos negar também algumas contribuições estrangeiras vindas do Harã (norte da Síria), cujos traços aparecem no antigo cenário do "ciclo de Jacó" (Gn 29–31). Impõe-se, então, uma conclusão: não é necessário recorrer ao esquema de uma conquista rápida e violenta da terra, e muitas das destruições descobertas durante esse período se explicam por outras causas (rivalidades entre cidades; entrada de povos da região marítima, incluindo os Filisteus, incursões punitivas egípcias etc.).

Portanto, o livro de Josué, que nada diz sobre essa realidade complexa conhecida pela arqueologia, deixa entrever uma narrativa distante no tempo dos acontecimentos que ele pretende reportar. Ao contrário, a conquista relâmpago de poderosas cidades evoca mais a brutalidade das invasões assírias do século VII do que a atividade militar de grupos tribais pouco organizadas do século XII. A própria escrita desses relatos tira suas imagens dos Anais, oráculos e hinos assírios. A título de exemplo, citemos este oráculo do deus Assur ao rei Assaradon:

> Quando os rebeldes provocaram contra ti a hostilidade, quando te expulsaram e te cercaram de dificuldade, tu abriste a boca: "Vê, pois, ó Assur!" E eu ouvi tua queixa. Eu desço da Porta do céu; quero lançar por terra teus inimigos; quero que sejam devorados pelo fogo. Tu deves ficar em pé no meio deles. Diante de ti, eu os expulso, eu os caço nas montanhas. Faço chover sobre eles pedras em fogo. Esses inimigos, eu os ofereço em sacrifício de batalha. De seu sangue vou encher o rio. Que se veja isso, e que me louvem: eu sou Assur, o soberano dos deuses.

Olhando bem essas palavras, vemos que a semelhança com a escrita épica do livro de Josué é grande; basta citar Josué 10,8-11. Não se pode duvidar de que o relato dos acontecimentos da "conquista" em Israel é uma reconstrução tardia do passado, revelando até em sua forma literária os modelos assírios. Ora, trata-se de um tempo em que Israel e Judá experimentavam ambos uma sorte trágica pelo fato de que sua própria existência territorial lhes é negada. A escrita agressiva do livro do Josué dá contas de um drama. Temos aqui um ponto essencial para compreender o sentido desse drama, e voltaremos a falar dele em um capítulo sobre a violência.

Teria havido um grande império davídico-salomônico?

Este também é um ponto delicado para o historiador. Pela simples leitura, se vê que os livros de Samuel e de Reis não param de evocar uma espécie de idade de ouro, o tempo de um grande império, unificado sob o poder de Davi e Salomão e que deu origem a dois reinos tanto rivais como irmãos depois da morte dos dois reis (1Rs 12). Basta ler o pequeno sumário de 1 Reis 5,4-5 para nos convencermos da beleza daqueles tempos: "Havia paz em todas as suas fronteiras ao redor. Judá e Israel viveram em segurança, cada qual debaixo de sua vinha e de sua figueira, desde Dã até Bersabeia, durante toda a vida de Salomão". Isso não lembra o ideal francês de *"la poule-au-pot au temps du bon roi Henri IV"* (a galinha na panela nos tempos do bom rei Henrique IV)? Mas tal visão nada tem de realista. Apesar de projetar os limites da província persa de Transeufratênia (século V a.C.), desde o rio Eufrates até os portões do Egito, um império tão vasto não deixou nenhum vestígio na documentação disponível, salvo o relato bíblico! Mesmo supondo um enfraquecimento dos impérios egípcio e assírio durante todo o século X, isso se mostra totalmente impossível. Trata-se antes de uma retroprojeção idealizada do passado que deveria passar pelo crivo dos dados arqueológicos.

Comecemos por um dado agora confirmado: por obscura que seja, a existência de Davi não é ficção, como o tem mostrado em Dã a descoberta entre 1992 e 1993 de uma estela aramaica do século IX a.C. pelo arqueólogo israelense Abraão Biran. De leitura difícil, por estar fragmentada, menciona em sua nona linha a *beyt dawid*, a "Casa de Davi":

1. […]
   […] e cortou
   … […]
2. […] meu pai foi [contra ele quando]
   lutou em […]
3. E meu pai deitou-se (morreu), e foi para seus [pais]. E
   o rei de I[s-]
4. rael entrou previamente na terra de meu pai. [E]
   Hadad (rei de Damasco) me constituiu rei,
5. E Hadad foi à minha frente [e] eu parti de
   [os] sete […]
6. do meu reino, e eu matei [sete]nta rei[s], que
   usavam milha[res de car-]
7. ros e milhares de cavaleiros (ou cavalos).
   [Eu matei Jeo]rão filho de [Acabe]
8. Rei de Israel, e eu matei [Acaz]ias, filho de
   [Jeorão re]i
9. da Casa de Davi. E eu tornei [suas vilas em ruínas e tornei]
10. sua terra em [desolação…]
11. outro…

[...
... e Jeú gover]
nou sobre
Is[rael...
... e eu pus] cerco
sobre
[...].

Em consequência disso, não poderíamos duvidar da historicidade de Davi, mas nada é dito aqui sobre a natureza do reino no século X, que ainda é objeto debate. Entretanto, um exame arqueológico leva a uma conclusão inquietante tomada do arqueólogo Israel Finkelstein e da historiadora Neil Asher Silberman em Os reis sagrados da Bíblia. À procura de Davi e Salomão:

> O quadro geral das terras altas meridionais continua sendo o de uma chefia dimórfica, com assentamentos dispersos, dirigida a partir de uma das principais aldeias por um chefe de clã, cuja autoridade era exercida mediante uma rede de criadores e agricultores vagamente associados por laços de parentesco. Esse modelo comum de ocupação do território não deve ter variado muito até o advento do reino de Judá no século IX a.C., uma centena de anos depois de Davi.

Mesmo que possamos admitir nuances nesse julgamento, não se pode duvidar de que o reino de Judá não se desenvolveu praticamente antes do fim do século IX, para atingir um pico de posteridade por volta do século VII com Josias, quer dizer, bem depois da extinção do reino de Israel, cuja posteridade se desenvolveu entre os reis Omri e Jeroboão II (séculos IX a VIII). Se quisermos verdadeiramente falar de poder regional, devemos lembrar antes de Israel do que de Judá, mas a Bíblia foi escrita a partir de uma visão judaica, daí vem a miopia que atinge hoje seu leitor. É preciso concluir disso que as realizações faustosas do rei Salomão, em particular a construção das cidades fortificadas de Megido e Hazor, sugerem outra época, a do rei israelita Jeroboão II, cujo luxo exagerado é denunciado pelo profeta Amós por volta dos anos 750 a.C. Ele é o "grande" rei dessa história, não Davi ou Salomão. Ora, ele não recebe senão poucos versículos no livro dos Reis (2Rs 14,23-29) quando a Davi (no livro de Samuel) e Salomão (em 1Rs 1–11) dedica-se a maior parte.

Mesmo que a história não se construa a partir do nada, é preciso admitir que a imagem de Salomão retratada no livro dos Reis se inspira mais na imagem de Jeroboão II, e até mesmo na do soberano persa (última data da redação do livro), do que no obscuro monarca do século X. Sem dúvida, havia um relato desse reino anterior ao exílio e à restauração judaica (século V), mas o exame crítico do relato bíblico, e também os dados arqueológicos, levam a essa conclusão. Excetuados alguns vestígios de memória, como a lista dos funcionários em 1 Reis 4,1-6, e de certos ecos abafados isentos de apologia, como as intrigas que levaram esse rei ao poder (1Rs 1–2), é preciso se contentar em saber poucas coisas sobre a figura singular de Salomão. Isso é algo para se lamentar? Certamente não. O trabalho crítico convida antes a tomar o texto bíblico em sua verdade, a examiná-lo com mais cuidado. Pois se ele não é um documento histórico, não deixa de ser um testemunho precioso sobre Israel, seus dramas e suas esperanças. Ele conta ao leitor a memória crente de homens e de mulheres que se interrogavam sobre sua história a partir dos grandes temas que atravessam o conjunto Josué–Reis. Vemos então que o "passado" tem menos que ver com uma memória preservada do que com uma construção em vista de uma inteligibilidade do presente por parte dos redatores deuteronomistas. A história bíblica procede assim do grande esforço de construção de um presente identitário comum, empreendido por escribas judeus nos períodos neobabilônico e persa (séculos VII ao V). Em outras palavras, projetando no passado a utopia de um grande reino davídico-salomônico, esses historiadores-teólogos superavam a morosidade de um presente sem glória, mas prenhe das esperanças proféticas de um futuro em aberto.

5
A gestão da violência
Tema 2

Os leitores deste conjunto de livros não deixarão de ficar chocados por um fato: esse Deus que é apresentado é um ser violento, descrito muitas vezes com traços de um guerreiro, como aparece na imagem do cântico de Moisés: "Então Moisés e os filhos de Israel entoaram este canto a Javé: 'Eu cantarei a Javé, porque se vestiu de glória: ele lançou no mar o cavalo e o cavaleiro! […]'" (Ex 15,1). Das cruzadas de outros tempos ao discurso de hoje, proclamado por um islamismo radical, a invocação de um deus guerreiro como esse, a serviço de uma causa "justa e santa" (como deveria ser), não cessa de reclamar para si tal visão de Deus, guerreiro e soberano senhor absoluto. Seria inútil – e mesmo desonesto – negar que para muitos crentes essa imagem tenha sua fonte nos relatos bíblicos, nos quais o tema da violência está longe de ser menos frequente. Basta citar este hino épico do livro dos Juízes, que celebra de modo cósmico a vitória alcançada por Deus contra os exércitos de Jabin, rei de Canaã, que o general Siserá comandava:

> Do alto dos céus as estrelas combateram, de suas órbitas, lutaram contra Siserá. A torrente de Qishon os arrastou, a torrente antiga,

a torrente de Qishon! Marcha, minha alma, ousadamente! Então os cascos dos cavalos martelaram o chão: galopam, galopam seus corcéis. Maldito seja Meroz, diz o Anjo de Javé, amaldiçoai, amaldiçoai seus habitantes: pois não vieram em auxílio de Javé entre os heróis, em auxílio de Javé (Jz 5,20-23).

E o todo se encerra com este voto que faz dos inimigos de Israel os inimigos de Deus: "Assim pereçam todos os teus adversários, Javé! E aqueles que te amam sejam como o sol quando se levanta na sua força!" (Jz 5,31).

Que Deus mesmo se tenha engajado no combate não resta nenhuma dúvida para o leitor do relato do capítulo anterior (Jz 4,12-15); e Números 21,14 alude a um "livro das guerras do Senhor", com certeza perdido, mas que devia celebrar os feitos gloriosos do Deus de Israel. O mesmo, sem dúvida, devia contar o "Livro do Justo", de onde foi extraída, em Josué 10,12, a seguinte copla: "Sol, detém-te em Guibeon, e tu, lua, no vale de Aialon!", em referência à vitória conseguida pelo próprio Josué. É inegável também que a expressão YHWH *Tzebaot* (Javé Sabaot), "o Senhor dos Exércitos", se refere às vezes a Israel posicionado em linha de batalha, tendo Deus à sua frente, como vemos no Salmo 24,7-8. Além disso, essa imagem é retomada pelos profetas, como aparece testemunhado a título de exemplo neste oráculo: "Javé sai como um herói; como se fosse um guerreiro, o seu zelo se inflama; ele ergue o grito de guerra, sim, ele grita, e atira-se vitoriosamente contra os seus inimigos" (Is 42,13). Seria inútil citar mais textos. O que vimos basta para atestar a força de tal imagem na Bíblia. Como, então, não ficarmos chocados em nossa sensibilidade contemporânea diante dessa visão que fecha a muitos o acesso a esse livro? Comecemos recusando duas vias que são verdadeiros impasses. A primeira consiste em uma banalização de tal imagem violenta de Deus, "espiritualizando-a": Deus estaria nos convocando para combater a idolatria que há em nós. A segunda é ainda pior, pois estabelece uma oposição teologicamente questionável entre um deus violento do Antigo Testamento e um deus misericordioso do Novo Testamento.

Como foi demonstrando anteriormente, a visão de cidades rapidamente conquistadas e logo arrasadas produzida pelo livro de Josué não corresponde de modo algum ao que a arqueologia permite descobrir sobre as origens de Israel entre os séculos XII e X a.C. Ela provém, em grande parte de uma ficção literária tardia. Assim, devemos tentar outra via, ainda que parcial, isto é, a do recurso à história e à mentalidade comum dos povos do Antigo Oriente Próximo.

A imagem do deus Assur

Neste ponto, uma explicitação sobre a exatidão de vocabulário se impõe: a expressão "guerra santa", que se usa habitualmente para traduzir o árabe *djihad*, não é usada nenhuma vez na Bíblia, nela só aparece três vezes a denominação "guerras do Senhor" (Nm 21,14; 1Sm 18,17; 1Sm 25,28). A realidade à qual essa expressão alude é bem diferente, porque nunca se trata de guerras feitas em nome da divindade para aumentar seu território, mas em defesa de sua terra, quando Israel se encontra ameaçado em sua existência. Portanto, mais do que uma realidade bem posterior (lembremos que o Islã nascerá apenas no século VII d.C.), é necessário apelar para o modo de pensar do oriente próximo antigo. Eis uma ilustração, por meio de um hino e de um oráculo:

Hino do rei Assurbanipal à deusa Istar
Não é por minha própria força,
não é pelo poder do meu arco,
mas pela força de meus deuses,
pela força de minhas deusas,
que submeti os países [...] ao jugo de Assur.

Oráculo do deus Assur ao rei Assurbanipal
Quando os rebeldes declararam a hostilidade contra ti, quando te expulsaram e te puseram em dificuldade,
tu abriste a boca: "Vê, pois, Assur!"
E eu ouvi teu lamento.
Eu desço da Porta do céu, [quer dizer Babilônia]
eu quero arrasar teus inimigos, fazer que sejam devorados pelo fogo.
Tu deves ficar em pé no meio deles.
Diante de ti, eu os expulso, eu os caço pelas montanhas.
Eu faço chover sobre eles pedras em fogo.
Esses inimigos, eu os ofereço em sacrifício de batalha, com seu sangue encherei o rio.
Que isso se veja, e que me louvem: eu sou Assur, o soberano dos deuses.

Se encontramos aqui uma fraseologia próxima ao livro do Êxodo, as maiores semelhanças provêm de Josué 10,8-11, apelando igualmente a não temer o adversário porque o Senhor fará chover "contra eles grossas pedras até Azeqá". Essa ideologia guerreira que liga a vitória dos exércitos ao poder de seu(s) deus(es) não é exclusiva do relato épico; a partir do reinado de Teglat-Falasar III (745-727 a.C.), se encontra também nos Anais e relatos que celebram o poder conquistador dos soberanos assírios. Basta conferir o relato da oitava campanha do rei Assaradon e, além das fronteiras assírias, a estela de Mesa, rei do Moab (atual Jordânia).

Contudo, para além dessa fraseologia bem convencional, a realidade foi menos fácil para Israel: desde 728 a.C. o reino de Israel teve que pagar grandes tributos à Assíria – antes de desaparecer entre 722 e 720. A ameaça se tornou mais clara, então, também contra Judá, que teve de passar por sorte análoga na ocasião da campanha devastadora do rei assírio Senaquerib em 701 a.C.; somente o pagamento de um pesado tributo salvou Jerusalém de uma completa destruição (2Rs 18–19). Impôs-se então em toda a região o que se pode designar como a *pax assyriaca*, mas que não é nada mais do que uma sujeição à ideologia assíria dominante. Não se pode duvidar de que essa onipresença da cultura e da propaganda assíria provocou em Israel e Judá um choque cultural que se traduz na escritura bíblica, especialmente na historiografia deuteronomista, que faz do Deus de Israel um "guerreiro", como o deus Assur. Não é preciso ver por trás desses textos a existência de uma instituição pré-monárquica, uma liga de tribos associadas em uma guerra santa. O exame mais rigoroso dos textos praticamente não permite retroceder para além da criação literária do livro do Deuteronômio (Dt 20), amplamente retomada nos relatos guerreiros de Josué e de Juízes. Tratava-se de responder à ideologia assíria de conquista, opondo o poder bélico do Senhor Javé ao do deus Assur. Por conseguinte, passa-se dos campos de batalha para a criação propriamente literária e teológica dos escribas judeus entre os séculos VII e VI a.C.

Porém, dizer isso não basta. Continua sempre presente a imagem bíblica de um deus guerreiro, o que não é sem consequência para nossas atuais representações. E ficamos com o direito de perguntar se tal representação do Senhor, "à imagem das pretensões de Assur", desconectada para o leitor contemporâneo da base ideológica de então, não é propriamente idolátrica. Para remover (apenas em parte) o obstáculo, é necessário se lembrar principalmente de que o reforço dessa imagem não se pode compreender senão em um contexto histórico preciso não exportável para qualquer época. Quando o livro de Josué insiste sobre o fato de que os outros povos não têm nenhum direito de se apropriar do território de Canaã, ele não expressa um desejo guerreiro de expansão territorial, mas denuncia as pretensões assírias de desalojar Israel de sua terra. Para defender seu direito de viver em paz na terra disputada, as vítimas decidiram usar a linguagem dos vencedores para voltá-la contra eles. Um pouco como os escravos negros americanos que, encontrando na Bíblia a expressão de sua cólera contra os patrões brancos, reescreveram esses textos nos *Negro Spirituals*. O mesmo se deu com Israel: diante do afundamento de seu reino sob os golpes de batedores assírios, que outra escolha tinham os escribas senão produzir textos em que se lesse a cólera deles e suas esperanças falidas? Em outras palavras, construindo para si um passado glorioso – a conquista da terra por Josué – os israelitas lutavam pela sobrevivência. Para eles, tratava-se de devolver a ideologia guerreira e conquistadora ligada ao deus Assur e, tomando as mesmas palavras, gritar à vista de seus verdugos que o Deus de Israel não era menos lutador e valente que o deus deles. O mal-entendido de hoje vem do fato de que lemos esses textos em um contexto totalmente diferente, e entendemos como documento histórico o que apenas é o reflexo de um drama bem real: a perda da terra de Israel e até mesmo de sua vida. Assim, para uma justa compreensão dos fatos, é essencial não os separar jamais do contexto particular de sua produção literária. Em um tempo de reivindicações identitárias, que apresentam uma ideologia religiosa marcada, somente essa leitura crítica permite pôr um freio à utilização partidarista desses relatos bíblicos.

Contrafogos a uma apropriação violenta do livro

A leitura do livro de Josué que nos serve aqui de exercício é difícil, mas é suavizada por aquilo que convém chamar, na falta de expressão melhor, de contrafogos, que sem dúvida foram incorporados durante o período persa (V e IV séculos a.C.). O contexto tinha mudado, e os judeus, de volta à sua terra, viviam em relacionamentos mais pacíficos com o mundo circundante. Não se pode duvidar de que esses acréscimos tardios ao livro amenizam o caráter ultraviolento dos relatos. Para nos convencermos disso, tomemos o exemplo do primeiro capítulo do livro de Josué. Tudo começa por um oráculo divino em tom bem guerreiro:

> Moisés, meu servo, morreu; agora, levanta-te (Josué)! Atravessa este Jordão, tu e todo o povo, para a terra que dou aos filhos de Israel. Todo lugar que a planta dos vossos pés pisar eu vo-lo dou, como disse a Moisés. Desde o deserto e o Líbano até o grande rio, o Eufrates, toda a terra dos hititas e até o Grande Mar, no poente do sol, será o vosso território. Ninguém te poderá resistir durante toda a tua vida; assim como estive com Moisés, estarei contigo: jamais te abandonarei, nem te desampararei (Js 1,2-5).

Com certeza, este texto traduz a ideologia nacionalista em voga no tempo do rei Josias e, por trás da figura de Josué, divisa-se facilmente a do rei judeu procurando reconquistar os territórios perdidos na região de Benjamim; basta reler 2 Reis 23 para se convencer disso. Sem pretender que Josias se tenha lançado à retomada das conquistas assírias sobre o antigo reino israelita, ele se apodera de fato de Betel e da região, reivindicando assim certa legitimidade territorial.

Ora, logo em seguida sobrevém um segundo oráculo que "desmilitariza" a ação:

> Sê firme e corajoso, porque farás este povo herdar a terra que a seus pais jurei dar. Tão-somente, sê de fato firme e corajoso, e tenhas o cuidado de agir segundo toda a Lei que te ordenou Moisés, meu servo. Não te apartes dela, nem para a direita nem para a esquerda, para que triunfes em todas as tuas realizações. Que o livro desta Lei esteja sempre nos teus lábios: medita nele dia e noite, para que tenhas o cuidado de agir de acordo com tudo que está escrito nele. Assim, serás bem-sucedido nas tuas realizações e alcançarás êxito. Não te ordenei: Sê firme e corajoso? Não temas, e não te apavores, porque Javé, teu Deus, está contigo por onde quer que andes (Js 1,6-9).

A imagem aqui produzida é bem diferente, e o chefe de guerra cede à imagem do *rabino* atento ao estudo da Lei! Podemos datar esse texto no período persa e aproximá-lo da "lei do rei" que em Deuteronômio 17,14-20 apresenta a imagem de um soberano pacífico, fazendo do estudo da Lei seu princípio de governo. Aqui há com certeza uma alternativa à ideologia guerreira precedente. Não é, portanto, sem razão que o relato das conquistas bélicas (vitória sobre Jericó, depois sobre Ai) é bruscamente interrompido no livro por um episódio surpreendente: Josué reúne as tribos sobre os montes Ebal e Garizim, e faz uma leitura pública da Lei (Js 8,30-35). Pode-se datar também esse texto no período persa. Ele evoca, aliás, a leitura pública que o sacerdote e escriba Esdras faz dessa mesma Lei em Jerusalém (Ne 8). Mas sobretudo ele opõe a habitação no país à posse da terra pela força das armas graças ao apego indefectível à Lei.

Um segundo exemplo é ainda mais eloquente. Ele se refere ao papel positivo exercido pela pagã Raab, prostituta de Jericó. Segundo a narração de Josué 2, é ela que "abre" a terra aos filhos de Israel e por isso ficará para sempre no meio deles (Js 6,23). Estamos longe aqui do anátema sangrento proferido contra todos os habitantes de Jericó e, nesses acréscimos tardios ao texto, podemos ver a consciência de crentes judeus cansados de tantos massacres descritos no livro. Esse efeito da distância no texto face aos relatos violentos deve ser considerado, tanto quanto o discurso das vítimas lembrado acima.

Mas o caso de Raab é exemplar também sob outro ponto de vista, pois propõe uma alternativa às reformas preconizadas por Esdras e Neemias no momento exato da redação final do livro de Josué. Lembremos que na procura da identidade dos judeus que voltaram do exílio para sua terra, o caminho que o sacerdote e escriba Esdras tomou foi o de evitar qualquer contaminação da "raça santa" com o que lhe fosse estrangeiro (Esd 9), e o governador Neemias adota a mesma atitude no recenseamento nacional (arriscando aqui usar um termo um tanto anacrônico) (Ne 13). Antes de julgar isso de modo demasiado negativo, trata-se aqui da singularidade de Israel, povo crente em um Deus único, em meio a um mundo politeísta. O mesmo também se aplica a Esdras e Neemias quando defendem a fé judaica, não vendo nisso apenas uma atitude racista. A esse respeito, e temos aqui inclusive um paradoxo, o livro de Josué, apesar de contar a conquista do país como vimos, amplia a visão ao descrever em sua forma final a integração da cananeia Raab.

O que reter desse capítulo para o leitor de hoje? Primeiramente, que a escritura dos relatos reflete sempre a época de sua redação e nunca pode ser simplesmente transportada de uma para outra época. A violência que transparece nos livros históricos é menos um apelo ao crime do que uma reivindicação das vítimas a poderem viver, sobretudo quando sua existência está fortemente ameaçada. Mas dar uma volta pela história não basta, é também necessário sempre retornar a uma leitura atenta para descobrir que os livros mais violentos, como o de Josué, possuem "contrafogos", sinais de que aquilo que hoje nos causa problemas também causou problemas aos judeus em períodos menos agitados de sua história.

6
A figura do juiz
Tema 3

Durante a leitura do livro dos Juízes, é bem difícil conseguir imaginar um retrato típico do juiz, porque, nele, essa função se aplica a personalidades bem diferentes como a um justiceiro astuto (Aod), a chefes de guerra (Barac, Gedeão, Jefté) ou a um herói sem função precisa mas com músculos possantes (Sansão). O único traço que lhes é comum é o de salvar seu clã ou sua tribo quando surge um perigo mortal; e para certas ações deles, vale também o fato de serem conduzidos por um espírito divino. Partamos, por isso, desse denominador comum para conhecer algumas figuras de juízes que despertarão no leitor o desejo de conhecer melhor esse livro aparentemente tão divergente.

Aod, um herói canhestro (Jz 3,12-30)

O primeiro juiz que se apresenta a nós chama-se Aod (Ehud) e sua história se reduz a uma curta peripécia: este herói benjaminita, portanto originário da tribo de Benjamim, assassina o rei Eglon, de Moab, o que provoca uma revolta generalizada. Na realidade, o que perpassa esse breve resumo é a extrema ironia da narração, que suscita o prazer do leitor a começar pela inadequação de um herói tão mal-ajeitado no nome, pois "benjaminita", na língua hebraica, significa "filho da (mão) direita", quando Aod quer dizer justamente o contrário: canhoto ou, mais literalmente, "com a mão direita atada" (v. 15b)! Não se pode traduzir melhor o contraste entre sua pertença tribal e suas capacidades físicas. A ironia ainda é duplicada porque esse homem de físico pouco ajeitado tem um nome que se assemelha à raiz hebraica *hôd*, que significa majestade, poder. E o relato se compraz em destacar a mão do herói em suas duas ações principais: a entrega do tributo ("os filhos de Israel enviaram por seu intermédio [por sua mão] o tributo a Eglon, rei de Moab", v. 15), e o assassinato do tirano ("então Aod estendeu a mão esquerda, apanhou o punhal acima da coxa direita e o cravou no ventre do rei", v. 21).

Em comparação a Aod, o rei de Moab parece ser o inverso, perfeitamente adaptado a seu papel. Jogando sobre o duplo sentido da palavra hebraica *egel* "veado"/*âgol* "arredondado", Eglon é de fato como um veado gordo (v. 17) que recebe na gordura do seu ventre a lâmina do punhal (v. 22), enquanto o assassino deve fugir pela porta das latrinas (o texto permanece obscuro neste ponto). Seria o caso de que o rei de Moab não tinha todas as vantagens da majestade: um palácio bem organizado; um aposento superior; um pessoal de guarda? Não tinha ele o direito de reinar como senhor e promover o bem-estar das populações locais? É aqui, entretanto, que tudo balouça, e do tributo ambicionado por ele, o rei não recebe senão um traiçoeiro golpe de punhal, o que é ainda mais tragicômico pelo fato de ele estar sentado em um trono que não tem nada de real, trata-se de uma latrina!

Esses poucos traços da leitura mostram que o relato procura mais divertir o leitor por meio de uma ironia feroz do que relatar a verdade histórica dos fatos. Por observações sucessivas, procura mais que o leitor veja do que entenda, usando um estilo narrativo vivo, feito de contrastes entre o aparato da corte e a intimidade do aposento, entre a entrega pública de um tributo e a comunicação secreta de uma palavra de Deus que se volta contra o tirano. Podemos reter também certos gestos inexplicáveis: não é estranho que nenhum companheiro de viagem de Aod nada lhe pergunte, quando ele decide retornar no caminho? E por que adiou sua ação para um segundo encontro, irrelevante naquele momento? É lógico que um rei se erga para vir ouvir a palavra de alguém, sobretudo se ele está sentado na latrina? De modo geral são traços que mostram um estilo popular, típico de contos irônicos, muito distantes da escrita cuidadosa de uma crônica real.

Gedeão, um juiz que se recusa a ser rei (Jz 6-9)

Na história de Gedeão temos algo totalmente diferente. Essa história se desenrola em um verdadeiro ciclo narrativo e parece opor sua figura de "juiz" à de seu filho Abimelec, quando este reivindica ser "rei". Superamos aqui a escrita lúdica para entrar em uma verdadeira reflexão sobre o exercício do poder. O que devemos reter então? Em primeiro lugar, sem dúvida, o episódio do orvalho e do velo de lã (Jz 6,36-40), que faz parte do relato da vocação do herói e no qual os Padres da Igreja viram mais tarde um anúncio da concepção virginal (pois a chuva atravessa o velo sem o alterar). Mais célebre ainda é a maneira estranha pela qual Deus obriga Gedeão a diminuir seu exército a um grupo reduzido no momento mesmo em que deve começar a batalha (Jz 7,1-8). E ainda não é aí que param as incongruências, e o leitor atento notará que na hora do ataque noturno no campo – aliás anônimo – os homens de Gedeão teriam precisado pelo menos de três mãos para carregar "trombetas e cântaros vazios, com tochas nos cântaros", sem falar, naturalmente, de suas espadas (Jz 7,16-22). De novo aflora a ironia, sem falar da inverossimilhança anatômica.

Eis o que nos leva a reconhecer o aspecto propositalmente construído desse ciclo narrativo, que é ainda mais artificial pelo fato de identificar, desde Juízes 6,32, Gedeão a Ierubaal (ver também Jz 7,1; 8,29.35; 9,1), para melhor fazer do primeiro o pai de Abimelec (8,31; e principalmente 9,1ss). Se devemos concluir disso que esse ciclo funde diversas tradições unidas com grande habilidade, o essencial é vermos que sua forma final está daqui em diante construída em um díptico que opõe o "juiz salvador" (Gedeão-Ierubaal) ao "rei" (Abimelec). Toca ao primeiro ser chamado por Deus dentro de um relato de vocação profética, como o mostra o seguinte quadro:

Elementos	Gedeão (Jz 6)	Moisés (Ex 3–4)	Jeremias (Jr 1)
ator, lugar e circunstâncias	6,11-12a	3,1-4a	1,4
apelo; "O Senhor está contigo"	6,12b	3,4b.12	1,8
lamentação de Gedeão	6,13		
missão de salvação confiada	6,14	3,10	1,10b
objeção de Gedeão	6,15	3,11.13; 4,10.13	1,6
resposta de Deus	6,16	3,14	1,7-8
pedido de um sinal	6,17-18	4,1	

realização do sinal: o fogo	6,19-21	4,2-9	1,9
confissão da visão	6,22		
oráculo: "Não temas"	6,23		1,8.17

Na objeção de Gedeão, podemos até entender um eco da vocação de Isaías: "Ai de mim, estou perdido! Com efeito, sou um homem de lábios impuros, e vivo no meio de um povo de lábios impuros, e meus olhos viram o Rei, Javé dos Exércitos!" (Is 6,5). Aos olhos do leitor, Gedeão aparece desde o começo como uma figura carismática, mesmo quando o verbo *shafat* "julgar" está ausente do episódio. Gedeão realiza assim uma síntese entre o guerreiro Barac e a profetiza Débora que acompanha a vitória dos exércitos de Israel (ver Jz 4–5), e isso é tanto mais notável quanto a redação deuteronomista fez preceder a vocação de Gedeão por uma intervenção profética (Jz 6,7-10), inscrevendo o herói em uma espécie de linhagem. Em consequência disso, Gedeão dirige campanhas vitoriosas a Leste (Jz 7) e a Oeste (Jz 8) do Jordão.

Por esse estreito laço que une Gedeão à sua vocação profética, o juiz que ele é não pode senão opor-se às ambições reais de seu filho Abimelec, o qual se impõe pela força das intrigas e não pela efusão do Espírito. De fato, a solicitação do povo de Israel: "Reina sobre nós, tu, teu filho e teu neto" (Jz 8,22) recebe de Gedeão a recusa: "Não serei eu quem reinará sobre vós, nem tampouco meu filho, porque é Javé que reinará sobre vós!" (Jz 8,23). Apesar da palavra "rei" não aparecer aqui, o juiz Gedeão recusa esse título ligado a um cargo hereditário, embora aceitando a realidade do poder (Jz 8, 24). Eis o que reforça o contraste com a história de Abimelec que vem em seguida (Jz 9) e prepara o olhar crítico lançado sobre a necessidade de haver um rei, como veremos no próximo capítulo. Mas isso cria também uma tensão em relação a todo o conjunto de Juízes 17–21, ritmada pelo refrão: "Nesse tempo não havia rei em Israel, e cada um fazia o que lhe parecia ser correto" (Jz 17,6; 18,1; 19,1 e 21,25). Com isso, o livro dos Juízes não se deixa reduzir a um único ponto de vista. Por enquanto, já podemos concluir que, devido a esse duplo movimento, o conjunto Juízes 6–9 constitui uma chave teológica que vai além do livro e põe uma interrogação complexa sobre a história futura: se a crítica se faz ao "rei", a "realeza" não está rejeitada como figura de unidade. O apólogo de Joatão sobre as árvores que foram pedir um rei e, para isso, interrogavam uma após outra a oliveira, a figueira, a vinha e o espinheiro (Jz 9,7-15), voltará a esse efeito de distanciamento em um registro mais sapiencial.

Sansão, um Hércules hebreu (Jz 13-16)

"Você conhece Sansão e Dalila?" Essa pergunta faz lembrar as grandes aventuras exibidas em cores e não isentas de certo erotismo, cujo herói que procedente de Dã está longe de corresponder à imagem típica de um santo israelita. Ao ler suas façanhas, pensamos em heróis musculosos, como o soberano babilônico Gilgamesh ou o herói grego Hércules. E o leitor, se estiver bem atento, E até mesmo o leitor atento terá dificuldade para encontrar uma linha diretriz na sucessão de cenas que misturam a maior elevação espiritual com situações engraçadas e depois trágicas.

Em sua redação final, essa história começa pelo nascimento milagroso de Sansão, cuja mãe era estéril (Jz 13), contar depois conta seu casamento com uma mulher filisteia que retorna à casa do pai após a matança dos convidados por Sansão (Jz 14). Seguem-se então dois casos engraçados: o incêndio das searas dos Filisteus com tochas inflamadas atadas ao rabo de raposas (Jz 15,1-8) e o abate de uma tropa inteira de inimigos com uma queixada de jumento (Jz 15,9-19). Mas o episódio certamente mais famoso continua sendo a traição de Dalila, o que apressa a morte do herói e depois o resgate do seu corpo (Jz 16,4-21). Como o primeiro olhar sugere, o narrador do ciclo procura integrar à galeria dos juízes um herói isolado, muitas vezes imprevisível por ser movido somente por seus instintos, (Jz 15,20; 16,31). Mas há uma distância entre os "salvadores" – como Barac ou Gedeão, até mesmo Jefté – e Sansão, porque ele nunca está ligado a uma ou a várias tribos. O episódio de Juízes 15,9-13, em que três mil homens de Judá prendem Sansão para entregá-lo aos Filisteus, fala de seu isolamento e de seu caráter atípico. Pode ser que seja preciso ver nisso um indício da origem não israelita do personagem, que seria artificialmente aproximado à tribo de Dã. Seu nome Sansão não o ligaria a Samas, o deus sol do Antigo Oriente? E seu lugar de origem, Soreá (Jz 13,2.25), ficava perto – a quatro quilômetros – de Bet-Shémesh, "casa do (deus) sol" (Js 19,41).

Também convém ler essa história com olhar livre de pré-julgamentos. Sansão é descrito como um verdadeiro "resistente" à opressão filisteia. Ele está sempre pronto para dar um golpe mortal a esses dominadores impiedosos. Mas também sofre um conflito interior entre o Espírito de Deus, que habita nele desde o nascimento, e sua fome insaciável por mulheres, como também por boas comidas e glória fácil. É isso que se ajusta muito mal ao "milagre" de sua origem, pois ele foi concedido como um dom a uma mãe estéril e, ao mesmo tempo, seu tipo se ajusta muito bem à natureza popular de uma história contada para dar prazer aos leitores. Longe de toda moral, Sansão age com astúcia e artimanhas, divertindo-se com cada possível peça pregada – sem alcançar a estatura de um chefe de guerra. A verve narrativa tem sobretudo prazer em ridicularizar os Filisteus por meio de relatos típicos, começando pela "dívida de honra" que Sansão paga aos amigos de sua esposa filisteia: "Ele desceu a Ascalon, matou trinta homens, tirou-lhes as roupas de festa e entregou-as aos que lhe tinham apresentado a solução do enigma" (Jz 14,19). Uma verve ainda mais mordaz é empregada na narração do episódio da queixada de um jumento com a qual Sansão abate mil homens antes de gritar contando vantagem: "Com uma queixada de jumento eu os amontoei, com uma queixada de jumento abati mil homens" (Jz 15,15-16). Tais façanhas não deixam de lembrar a infância dos heróis, e a sombra do jovem pastor Davi abatendo o gigante Golias (1Sm 17) se delineia no horizonte.

Em certos momentos, porém, o tom se aproxima da sabedoria, quando traz para a cena enigmas e provérbios: "Do que come saiu o que é comido, e do que é forte saiu o que é doce" (Jz 14,14), seguida de sua solução: "O que é mais doce do que o mel, e o que é mais forte do que o leão?" (Jz 14,18). Se esse tom não é único no livro, o jogo de propor enigmas em contexto de um casamento certamente parte de um folclore universal; trazendo à mente a trágica lenda chinesa de Turandot, sobre a qual Puccini compôs uma ópera admirável por suas variações sonoras. De maneira certamente diferente, isso vale também para a história de Sansão e Dalila: aqui o enigma reside na força do herói, nessa cabeleira que nenhuma tesoura jamais cortou, e que é sinal de sua consagração a Deus. História de amor tanto quanto de morte, tal é a moral que se tira das muitas aventuras sentimentais de um herói mais tentado por esposas estrangeiras do que pelas filhas de seu próprio povo. Em um justo contraponto, a piedosa mãe de Sansão traça o perfil da mulher israelita ideal (Jz 13).

Sansão seria então um herói negativo? Na realidade, certo fio condutor passa por todo o conjunto da narração, sendo encontrado em passagens como Juízes 14,6.19a; 15,14a.18-19; 16,28: "O espírito de Javé veio sobre Sansão". Por paradoxal que pareça, o destino trágico-cômico de Sansão é conduzido por Deus, até àquela cegueira que permitiu a esse herói solar, de repente privado da luz, fazer um retorno a si mesmo e se converter. Imagem sem dúvida inversa à de Samuel, cuja história está em 1 Samuel 1–7, mas nada comparável a Abimelec. Se este último não é senão um tirano a mais (à imagem dos príncipes filisteus que lutam contra Sansão), no fim de sua história Sansão se torna um herói despojado de toda força, objeto de escárnio, mas que, por sua morte, chega a uma verdadeira dimensão crística, pois ele salva seu povo. Somente assim é que se junta à galeria altamente simbólica dos juízes.

Esse breve olhar sobre algumas figuras do livro dos Juízes permite, portanto, traçar a imagem de heróis positivos que salvaram seu povo de alguma opressão, engajando-se em uma justa luta sob a efusão do Espírito divino. Nisso, eles se distinguem dos reis que, sendo também guerreiros, travam antes lutas a serviço deles mesmos, como veremos a seguir.

7
O rei, salvador ou cilada para seu povo?
Tema 4

O capítulo anterior apresentou a figura do juiz (Gedeão) oposta à imagem do rei (Abimelec). Mas os quatro capítulos restantes do livro dos Juízes lembram, como em um refrão, que a ausência de um rei leva à anarquia, cada qual agindo segundo seu prazer (Jz 17,6; 18,1; 19,1; 21,25). Como uma espécie de resposta, a primeira parte do livro de Samuel nos traz o pedido dos Anciãos de Israel feito a Samuel.

Diferentes olhares sobre o rei

Com uma simples leitura, o conjunto que forma 1 Samuel 8–15 oferece ao leitor diferentes pontos de vista sobre o rei. Se nele se pode ver o fruto de uma elaboração literária complexa, é igualmente interessante reler essas narrações como o sinal de uma ambiguidade fundamental vinculada ao rei na mentalidade de Israel. O primeiro relato (1Sm 8,1-22), que narra o pedido dos Anciãos de Israel a Samuel, merece um pouco mais de nossa atenção, e também que seja citado mais extensamente. Ao pedido formulado pelos Anciãos: "Constitui sobre nós um rei, o qual exerça a justiça entre nós, como acontece entre todas as nações" (1Sm 8,5), o profeta opõe um duplo julgamento; primeiro da parte de Deus, que vê nisso uma rejeição de sua soberania sobre Israel (1Sm 8,6-9); depois por parte do próprio Samuel, anunciando os "direitos do rei".

> Samuel disse: "Este é o direito do rei que reinará sobre vós: ele convocará os vossos filhos e os encarregará dos seus carros de guerra e dos seus cavalos, e os fará correr à frente do seu carro; e os nomeará chefes de mil e chefes de cinquenta, e os fará lavrar a terra dele e ceifar a sua seara, fabricar as suas armas de guerra e as peças de seus carros. Ele tomará as vossas filhas para perfumistas, cozinheiras e padeiras. Tomará os vossos campos, as vossas vinhas, os vossos melhores olivais e os dará aos seus oficiais. Das vossas culturas e das vossas vinhas ele cobrará o dízimo, que destinará aos seus eunucos e aos seus oficiais. Os melhores dentre os vossos servos e vossas servas, e de vossos adolescentes, bem como vossos bois e vossos jumentos, ele os tomará para o seu serviço. Exigirá o dízimo dos vossos rebanhos, e vós mesmos vos tornareis seus escravos" (1Sm 8,11-17).

Ao ritmo do verbo "tomar" (1Sm 8,11.13.14.16) e "exigir" (o dízimo) (1Sm 8,15.17), essa crítica está organizada sistematicamente ao redor de três pares: primeiro, a requisição dos filhos (1Sm 8,11b-12) e das filhas (1Sm 8,13); depois, a requisição dos campos (1Sm 8, 14) e dos servos (1Sm 8,16); por fim, a tomada dos dízimos sobre as colheitas (1Sm 8,15) e os rebanhos (1Sm 8,17a). Eis o que põe às claras o elemento assimétrico do versículo 17a "e vós vos tornareis seus escravos", o que constitui o ponto polêmico do conjunto. Além do mais, observa-se o uso progressivo do termo "servidores", que reforça o movimento crítico: não somente os bens são confiscados em proveito dos "servidores" do rei (1Sm 8,14-15), mas também os próprios "servidores" são submetidos ao serviço do rei (1Sm 8,16); homens livres entram na condição de "escravos" (1Sm 8,17). A crítica é tanto mais violenta por não se encontrar em tudo isso nenhuma alusão ao papel positivo de proteção dos bens e das pessoas, geralmente reconhecido como função do rei. Não é ele em primeiro lugar o defensor da viúva e do órfão? No entanto, somente o papel de predador é afirmado no discurso. Pode-se certamente ver aqui a rejeição das práticas recorrentes nos regimes monárquicos do Antigo Oriente Próximo, como a formação forçada de um exército profissional, o confisco das terras em proveito do domínio real, o trabalho forçado e a cobrança de taxas esmagando as populações livres. Contudo, o discurso ultrapassa o terreno social para ver aí também uma falta contra a soberania divina sobre seu povo eleito. Encontraremos essa mesma lógica na denúncia do profeta Gad quanto ao recenseamento do povo que Davi mandou fazer, segundo 2 Samuel 24: não há nisso a pretensão de pôr a mão no que pertence somente a Deus?

A essas críticas radicais à pessoa do rei se opõe um segundo relato que, sob a forma de conto, descreve como o jovem Saul, tendo ido procurar os jumentos desgarrados de seu pai, recebe a unção real das mãos do profeta Samuel, trata-se do conto dos jumentos (1Sm 9,1–10,16). O final da história é tanto mais marcante porque estabelece de antemão uma ligação com a unção secreta do jovem Davi pelo mesmo Samuel (1Sm 16). Lembremos também a irrupção repentina do espírito profético sobre Saul em 1 Samuel 10,10-12 que antecipa a sequência, mas confere à pessoa do rei uma aura sagrada ausente em 1 Samuel 8. Por meio do conto, o narrador bíblico julga de maneira positiva as origens da realeza, em contraste com o relato precedente que se inscreve no registro de história (no sentido amplo do termo). Pode-se ver aqui uma questão fundamental, ao mesmo tempo que um distanciamento em relação ao suposto fundamento de uma instituição tão nobre que é a realeza, além da esperança em uma realidade que encontra em Deus sua origem.

Ainda mais surpreendente é que um terceiro relato (1Sm 10,17-27) parece ignorar tudo sobre os acontecimentos precedentes, quando põe em cena os mesmos atores: além do povo (primeiro relato), encontramos aqui Samuel e Saul (segundo relato). De maneira mais estranha ainda, nem Samuel nem Saul parecem se conhecer. No entanto, é sobretudo a perspectiva que muda, pois novamente surge a crítica da instituição real (1Sm 10,19). E a exposição de Samuel ao povo sobre o "direito da realeza" (1Sm 10,25) faz eco com o "direito do rei" (1Sm 8,11-17), sem que se confundam. Contudo, a recusa da realeza não é categórica, e os que se opõem a Saul são tratados como vadios em 1 Samuel 8,27.

Mais uma vez, porém, se pode opor a isso o relato de 1 Samuel 11 (quarto olhar sobre a realeza), segundo o qual Saul se torna rei depois de ter salvo os habitantes de Jabes de Guilead da tirania dos amonitas. Ele assume assim o papel de salvador. Dois traços permitem ver nisso uma tradição relativamente independente: por um lado, os adversários não são mais os Filisteus (ver 1Sm 9,16b; 10,5a), mas os Amonitas; por outro, e a despeito de 1 Samuel 10,17-27, Saul é um completo desconhecido. Além disso, excetuando a intervenção posterior de Samuel (1Sm 11,12-14), tudo se desenvolve entre Saul e os homens de Israel. Pode ser que nos deparemos aqui com a versão mais próxima da história "real", pois o relato tem feitio de ser arcaico, exceto os pontos polêmicos ou de releituras teológicas. É a história de um homem aventureiro, cuja ação valorosa lhe vale ser reconhecido como rei por seus companheiros de armas.

Ainda mais estranho é o fato de que um quinto relato (1Sm 12) retoma de maneira fortemente crítica o tema da realeza, opondo a única realeza divina ao pedido humano. Recordemos, sobretudo o longo discurso de Samuel (a partir de 1Sm 12,6) propondo uma releitura total da história de Israel, desde o tempo de Moisés até o presente (evocação da serpente Nahash). Mergulhando inclusive no futuro, fazendo do pedido do povo o sinal anunciador de uma apostasia generalizada, primeiro passo de uma história de rebeliões contra Deus até o fracasso final no exílio babilônico. Estamos aqui na linha dos grandes discursos teológicos que servem de quadro a essa história: assim como Moisés no Deuteronômio tinha introduzido Israel em sua história por uma releitura do êxodo e Josué tinha marcado por sua palavra a entrada na terra (Js 23), Samuel, neste momento, revela o sentido do período real, com tudo o que tem de esperanças, mas também de impasse e ambiguidade.

O oráculo dinástico

Se a primeira parte do livro de Samuel apresentava diversos olhares sobre o rei, o oráculo profético de Natã (2Sm 7) mostra sua importância na história. Tudo começa pelo desejo de Davi de construir um templo para Deus, que lhe deu a vitória sobre todos os adversários (2Sm 7,1-3). Ora, a resposta do Senhor, de noite em um sonho, vem para mudar o projeto de Davi. De fato, trata-se de um oráculo duplo, como mostram as duas ordens de missão formuladas em termos (quase) idênticos nos versículos 5 e 8. Eis o que determina duas subpartes: a primeira, versando sobre o projeto davídico de construir para Deus uma casa-templo (2Sm 7,5-7); a segunda, que diz respeito ao futuro dinástico, indicando que Deus é que vai construir para Davi uma casa-dinastia (2Sm 7,8-16). De um ponto de vista gramatical, essa cesura é claramente marcada também pelo tempo dos verbos: os versículos 5-7 dizem respeito ao passado (o tempo que precede a chegada da realeza), enquanto nos versículos 8-16 predomina o futuro (para Davi e para Israel).

O primeiro oráculo está expresso em uma oposição estruturante entre o desejo de Davi de fixar Deus em um lugar (o templo) e o Deus que não cessa de recordar que ele fez caminhar Israel, seu povo, sem exigir para si um ponto de fixação: ele continua sendo o Deus do êxodo. Por conseguinte, podemos notar o enquadramento inclusivo do oráculo por uma dupla questão retórica centrada ao redor do mesmo verbo *bânah*, "edificar, construir". Nos dois casos, a interrogação pede uma resposta negativa: "Construirás tu uma casa em que eu venha habitar?" (2Sm 7,5); "Durante todo o tempo em que andei com os filhos de Israel, porventura disse a um só dos juízes de Israel, que eu tinha instituído como pastores do meu povo Israel: 'Por que não edificais para mim uma casa de cedro?'" (2Sm 7,7). Se a construção do segundo oráculo é mais complexa, seu sentido é claro: Deus fixará um lugar para aí fazer habitar seu povo (2Sm 7,10) e estabelecerá a dinastia real vinda de Davi:

> E quando os teus dias estiverem completos e vieres dormir com teus pais, farei permanecer a tua linhagem após ti, aquele que terá saído das tuas entranhas, e firmarei a sua realeza. Será ele que vai construir uma casa para o meu Nome, e estabelecerei para sempre o seu trono. Eu serei para ele um pai e ele será para mim um filho: se ele fizer o mal, castigá-lo-ei com vara de homem e com

açoites de homens. Mas a minha fidelidade não se afastará dele, como a tirei de Saul, que afastei de diante de ti. A tua casa e a tua realeza subsistirão para sempre diante de ti, e o seu trono se estabelecerá para sempre (2Sm 7,12-16).

O oráculo liga aqui o templo e a dinastia, oferecendo um critério forte de julgamento para todos os reinos que virão. Pode-se ver aqui uma das chaves teológicas no julgamento feito sobre cada soberano no livro dos Reis e o anúncio do grande discurso feito por Salomão no dia da dedicação do templo de Jerusalém (1Rs 8).

Do rei real ao rei ideal

Podemos, portanto, confrontar esses olhares (com todas as nuances que dão aos livros de Samuel e dos Reis critérios de discernimento crítico em relação à instituição real) com a figura ideal que o Deuteronômio delineia (Dt 17,14-20). Eis a seguir o texto deuteronômico traduzido e em sua estrutura:

> Dt 17,14 Quando tiveres entrado na terra que Javé teu Deus te dará,
> tomado posse dela e nela habitares,
> e disseres: "Quero estabelecer sobre mim um rei,
> como todas as nações que me rodeiam",
> 15 deverás estabelecer sobre ti um rei que tenha sido escolhido por Javé teu Deus;
> é <u>um dos teus irmãos</u> que estabelecerás como rei sobre ti.
> Não poderás tomar um estrangeiro <u>que não seja teu irmão</u>.
> 16 Ele, porém, não multiplicará cavalos para si,
> nem fará com que o povo volte ao Egito para aumentar a sua cavalaria,

pois Javé vos disse:
"Nunca mais voltareis por este caminho"!
17 Que ele não multiplique o número de suas mulheres, para que o seu coração não se desvie.
E que não multiplique excessivamente sua prata e seu ouro.
18 Quando ele subir ao trono real,
ele deverá escrever em um livro, para seu uso, uma cópia desta Lei, ditada pelos sacerdotes levitas.
19 Ela ficará com ele e ele a lerá todos os dias da sua vida,
para que aprenda a temer a Javé seu Deus,
observando todas as palavras desta Lei e colocando estes estatutos em prática.
20 Deste modo, ele não se levantará orgulhosamente <u>sobre seus irmãos</u>,
nem se desviará deste mandamento para a direita ou para a esquerda,
de modo a prolongar os dias do seu reinado, ele e seus filhos, no meio de Israel.

Essa lei deuteronômica articula entre si dois pontos: primeiro, as modalidades da escolha de um rei (Dt 17,14-15); segundo, os limites dos poderes desse rei (Dt 17,16-17), para terminar pelo exercício efetivo da realeza (Dt 17,18-20). A lei do rei se mostra também sobre um perfeito equilíbrio, tratando conjuntamente os dois primeiros pontos, dando uma extensão igual às duas grandes partes do discurso. Desse modo, a parte central destaca os limites do poder do rei, e isso vai a reboque do exercício real de um tal poder, marcado muitas vezes pelas arbitrariedades, como consta pelas denúncias do profeta Samuel e lemos em 1 Samuel 8. Não se trata, no entanto, de inventar a instituição real, nem tampouco de procurar regulá-la de um modo novo, mas de fazer "a teoria" dela. A primeira norma (Dt 17,14-15) define duplamente a pessoa do rei em sua relação com Deus (em termos de escolha e de eleição) e com Israel (uma ligação de fraternidade). Portanto, a pessoa do rei continua estreitamente ligada à eleição de Israel, quer dizer, à sua identidade como povo: o rei não será nem "estrangeiro", nem alguém "acima", mas "um" no meio do seu povo. Também fica claro que esse desejo de um rei traz em si uma ambiguidade fundamental, singularizando uma posição superior que o texto exprime de maneira espacial: "sobre mim" (Dt 17,14bα) / "sobre ti" (Dt 17,15aα; 15aβ; 15bα). É esse risco de sujeição que é descrito pelos versículos 16-17, os quais, sob forma de proibições, descrevem o exercício dessa realeza. Dois eixos se entrecruzam nesses versículos: a medida em tudo (não ter cavalos demais [Dt 17,16aα], nem demasiadas mulheres [Dt 17,17aα], nem demasiada riqueza [Dt 17,17aβ]); e a fidelidade que se exprime em termos de "viagem" proibida (não voltar ao Egito [Dt 17,16aβ-b], com perigo de desviar o seu coração [Dt 17,17aβ]). Por conseguinte, se a Lei inscreve a pessoa do rei – quer dizer, a mais alta autoridade – no coração da identidade de Israel como povo de irmãos, a Lei limita também todo "perigo de riqueza e de poder" que poderiam levar o rei a se comportar como outro Faraó e escravizar um povo livre. Mais uma vez é afirmado o laço estreito que une o rei a seu povo sobre o eixo de "um" no meio de "todos". E uma terceira norma, por fim (Dt 17,18-19) – mas a mais importante aos olhos do legislador deuteronômico – define a pessoa do rei face a Deus: do mesmo modo que todo filho de Israel, o rei deve se submeter perante "a Lei", e até a fazer dela uma cópia por própria mão para lê-la todos os dias. A presença dos sacerdotes levitas junto dele será um lembrete constante dessa submissão.

Portanto, a ação do rei está estritamente circunscrita dentro de um quadro jurídico, em conformidade com o que é esperado de todo cidadão em Israel. Pode-se dizer que o rei não é ninguém mais do que um cidadão-modelo, cuja posição "sobre" continua limitada e submissa à obediência da Lei. Por fim, notemos que uma breve conclusão (Dt 17,20) relaciona estreitamente as três normas expressas, insistindo sobre a justa medida para todo poder real (Dt 17,20a: "não elevar seu coração sobre seus irmãos"; ver Dt 17,16-17) e a fidelidade ao mandamento (Dt 17,20b: "nem para a direita nem para a esquerda"; ver Dt 17,18-19), enquanto a repetição do termo "irmão" (ver Dt 17,15b) coloca a figura real na relação justa com Israel.

Se a expressão condicional "de modo a prolongar, para ele e seus filhos, os dias de sua realeza" (Dt 17,20) lembra o caráter de uma instituição que, nascida da história (Dt 17,14), poderá soçobrar com o fracasso dessa mesma história, a menção final "no meio de Israel" lembra o quadro histórico-geográfico colocado na abertura da própria lei: "quando tiveres entrado na terra" (Dt 17,14aα). É o mesmo que dizer que no espírito do legislador deuteronômico a instituição real é uma condição da manutenção do povo no país. Nisso o rei difere da figura do juiz, vista sobretudo como a de um "salvador" episódico em período de perigo extremo. O rei se inscreve antes como duradouro: sua fidelidade à Lei condiciona a posse do país à qual seu povo é chamado. É isso que não deixa de criar uma tensão entre esse ideal deuteronômico e a imagem totalmente negativa do período real que a historiografia deuteronomista constrói, mesmo se continua ressalvada a esperança dinástica subjacente ao oráculo de Natã (2Sm 7), que mais tarde abrirá para as esperanças messiânicas de Jeremias 23,5-6 e 33,14-16. Mas podemos reter que o ideal descrito aqui se opõe em todos os pontos ao sábio Salomão que, segundo se diz em sua história contada em 1 Reis 1–11, faz o ouro e a prata serem mais comuns do que as pedras em seu reino, constrói cidades para carros e cavalos, casou com a filha do Faraó e se desviou do Senhor, construindo altares para os deuses de suas numerosas esposas.

No fim deste capítulo, o que reter da figura do rei? Se a Bíblia não questiona a instituição real (como poderia ser diferente na sociedade antiga?), não sacraliza jamais a figura do rei. O rei nasceu da história com Saul, continuou com Davi, e pode desaparecer com a história, como o mostra o destino trágico de Sedecias, o último rei de Jerusalém executado pelos Babilônios em 587. Contudo, o rei permanece ligado à esperança de uma restauração futura. Ele se apropria então da imagem ideal que lhe dá o Deuteronômio, antes de abrir a perspectiva sobre os grandes oráculos messiânicos do período persa (como em Is 11,1-9 ou Ag 2,20-23).

8
Uma dupla instância de julgamento
Tema 5

Se o rei se mostra muitas vezes como figura decepcionante no conjunto de livros históricos Josué–Reis, há, contudo, outra figura sempre julgada positivamente. Trata-se do profeta. Neste capítulo, veremos que o profeta expressa a voz divina por meio da palavra do julgamento. No entanto, veremos que existe mais uma instância de julgamento além do profeta. Trata-se do templo, onde Deus pôs o seu Nome. Eis o objeto deste capítulo.

O profeta, testemunha da presença divina

Muitas vezes próximo ao rei, e mais vezes ainda em oposição a ele, aparece o profeta. Na verdade, a primeiríssima menção dessa figura-chave é uma profetiza chamada Débora, que exorta o general Barac a ter coragem quando assaltado pelas tropas cananeias de Siserá, primeiro em um relato em prosa (Jz 4), depois em um canto de vitória (Jz 5). Isso lembra ao leitor o relato da passagem do mar Vermelho (Ex 14) seguido do cântico de Myriam (Ex 15). E é também uma profetiza, Hulda, que encerra o conjunto Josué–Reis expressando no templo restaurado pelo rei Josias um oráculo sobre o livro da Lei reencontrado nele (2Rs 23). Mas Samuel e Ahiá de Silo têm também papéis importantes, pois o primeiro inaugura a época dos reis ungindo Saul (1Sm 10,1), depois Davi (1Sm 16,13); e o segundo profetiza a divisão do império de Salomão por causa dos numerosos pecados desse rei (1Rs 11,29-39). Neste capítulo só vamos ficar com duas figuras: em primeiro lugar com Natã e, em segundo, com Elias, pela grande marca que deixaram na memória dos leitores.

Natã, frente a Davi, ou a exigência ética

O profeta Natã não é um desconhecido para nós. Já o vimos quando lemos o oráculo dinástico, assegurando a Davi a perenidade de sua casa (2Sm 7). Mas um outro relato o põe também em cena. Recordemos o contexto (2Sm 11). Tendo ficado sozinho em Jerusalém enquanto seu exército partira para a guerra, o rei Davi passeia uma tarde no terraço de seu palácio e observa emocionado a beleza de Betsabeia se banhando junto a uma fonte. Imediatamente ele a manda trazer e dorme com ela. Pouco tempo depois, Betsabeia lhe comunica que está grávida. Davi fica atordoado, pois a mulher é casada com Urias, um de seus generais! Sob um pretexto mentiroso, faz então vir o marido dela do campo de guerra, esperando poder fazê-lo endossar essa paternidade incômoda. Mas Urias não é somente um bravo, é também um homem crente que recusa o conforto de sua casa quando a Arca da Aliança e seus companheiros de guerra vivem a vida precária no campo de batalha. Davi tenta, então, o impossível: convida Urias para um banquete, embriaga-o na esperança de que Urias deixará sua guarda. Inútil! Urias dispensa o leito de Betsabeia. A comédia se transforma em drama: Davi convoca

Urias uma última vez e lhe entrega uma carta endereçada a Joab, o comandante em chefe do exército. Joab deverá colocar Urias no lugar mais exposto do combate e deixá-lo só. A estratégia dá o resultado desejado: uma morte em combate e Davi organiza um custoso luto inteiramente hipócrita. Passados os dias do luto, Davi desposa Betsabeia, a viúva de luto, e tudo parece ter terminado bem. Exceto que Davi esqueceu um detalhe: Deus vê o segredo dos corações e lhe envia o profeta portador de uma mensagem de cólera e condenação (2Sm 12). A habilidade de Natã é de não atacar de frente o rei. Ele começa contando a Davi uma parábola:

> Havia dois homens em uma mesma cidade, um rico e o outro pobre. O rico possuía ovelhas e vacas em grande número. O pobre nada tinha senão uma ovelha, só uma pequena ovelha que ele tinha comprado. Ele a criou e ela cresceu com ele e com seus filhos, comeu do seu pão, bebeu no seu copo, dormindo no seu colo: era como uma filha. Um hóspede veio à casa do rico, e este não quis matar uma das suas ovelhas ou de suas vacas para servir ao viajante que o visitava. Tomou a ovelha do homem pobre e a preparou para a sua visita (2Sm 12,1-4).

Essa história provoca em Davi uma veemente cólera: tal homem merece a morte! E Natã conclui: "Esse homem és tu!" E é só agora que Natã pronuncia o oráculo de julgamento: por seu pecado, Davi introduziu a espada em sua casa, e a violência não cessará de se desencadear entre seus filhos (2Sm 12,7-12). De fato, a continuação da história não é senão uma longa ladainha de violências, do estupro sofrido por Tamar e praticado por seu próprio meio-irmão Amon (2Sm 13), até à revolta de Absalão contra o pai Davi (2Sm 15–19).

Estaríamos, contudo, errados se reduzíssemos a intervenção de Natã a essa única condenação de um adultério, seguido de um rapto (de Betsabeia) e de um crime (contra Urias). A parábola que inicia o discurso tem também por efeito provocar uma reação da parte de Davi que fará aparecer seu senso de humanidade (2Sm 12,5). A violenta cólera de Davi contra o homem rico provém da percepção de uma falta. Ela dá testemunho sobretudo de sua capacidade ainda intacta de ser sensível perante uma injustiça e não deixar acontecer o mal sem reagir. A parábola abre caminho para a redenção, o que, para Davi, significa aceitar o castigo em reparação à sua falta extrema aos olhos da Lei (2Sm 12,13). A humildade do rei face à morte do filho nascido desse adultério e o fato de não se revoltar contra Deus (2Sm 12,15-23) provam que Davi não deixou de ser justo, apesar de pecador. É exatamente esse o ofício do profeta: lançar luz sobre o pecado, e é o que Natã mostra quando anuncia a Davi e a Betsabeia que o filho da consolação, Salomão, é "amado por Deus" (2Sm 12,24-25).

Elias, e a honra de Deus

Mais ainda que Natã, com certeza Elias é uma das figuras proféticas mais conhecidas pelo grande público e representado na iconografia com frequência. Quem não conhece a história da ressurreição do filho da viúva de Sarepta (1Rs 17,17-24), o sacrifício no monte Carmelo que opôs Elias aos sacerdotes de Baal (1Rs 18,20-40) ou sua elevação ao céu em um carro de fogo (2Rs 2,11-13)? O episódio da vinha de Nabot, em que Elias denuncia o crime do rei Acabe e de sua esposa Jezabel (1Rs 21), é também impressionante, enquanto o encontro de Elias com Deus no monte Horeb (1Rs 19,1-18) atinge o ponto culminante da espiritualidade. Esse simples enunciado dos episódios mostra o caráter aparentemente disparatado desse ciclo de narrações. Porém, de um texto a outro se esboça um retrato profético ainda mais coerente porque contrasta com o do ímpio rei Acabe.

Tudo começa com uma história de seca. Sem que nenhuma ordem lhe tenha sido dada, "Elias, o tishbita, habitante de Guilead" se apresenta diante de Acabe com uma ameaça: "Não haverá, nestes anos, nem orvalho nem chuva, a não ser quando eu o ordenar" (1Rs 17,1). Um anúncio singular, porque não se sabe ainda se se trata da palavra de Deus ou de uma palavra do profeta. Os dois episódios que seguem contribuem para esclarecer a questão: enviado primeiro à torrente de Karit (1Rs 17,2-6), depois a Sarepta, no país de Sídon (1Rs 17,7-16), Elias passará pela provação de uma radical dependência da palavra de Deus. Com efeito, essa prova do alimento e da morte evocam o tempo de provação que Israel conheceu no deserto, segundo os livros do Êxodo e dos Números. Por fim Elias é nomeado pela primeira vez como "homem de Deus" pela viúva que o acolhe, primeiro com uma interrogação (1Rs 17,18), depois com uma afirmação (1Rs 17,24). Entre os dois enunciados, Elias conhecerá o poder de um Deus que devolve a vida ao corpo morto do filho único da viúva, e isso em "Sarepta, que pertence à Sídon", quer dizer, em pleno país pagão do deus Baal que Acabe e sua esposa Jezabel veneram (1Rs 17,19-23)! Esse primeiro conjunto leva o leitor a conhecer enfim a identidade verdadeira de Elias. Ele, que até agora não era conhecido senão por um lugar geográfico (Tesbi de Guilead), se revela totalmente na palavra final da viúva: "Agora sei que és um homem de Deus e que Javé fala verdadeiramente por tua boca!"

(1Rs 17,24). A ambiguidade de 1 Reis 17,1 está agora desvendada, mas, para isso, foi preciso que Elias se deixasse conduzir por alguém que não era ele, na docilidade a uma palavra diferente da sua. Assim deve ser o profeta.

Fortalecido por essa identidade reconhecida, Elias é levado a se apresentar de novo diante de Acab, e será instrutivo comparar o enunciado de 1 Reis 18,1 com o de 1 Reis 17,1: daqui em diante é Deus que está na iniciativa do projeto. O encontro, entretanto, é diferido até 1 Reis 18,17, para dar lugar a outra figura: Abdias. O texto o apresenta como "intendente do palácio", quer dizer, publicamente como servo do rei Acab, e também, secretamente em sua consciência, como "muito temente a Javé". Tudo isso revela uma ironia, pois seu nome significa literalmente servo do Senhor! Comparado ao casal real, ele é sem dúvida uma figura positiva (1Rs 18,4), mas comparado a Elias ele aparece como um crente temeroso e tímido (1Rs 18,9-14). Ele não viveria, então, sob um duplo registro, isto é, à imagem do povo de Israel que, no dizer de Elias, dança num pé e no outro (1Rs 18,21)? Em todo caso, aos olhos do leitor ele prefigura o encontro do profeta e de Israel. Tudo começa por uma espécie de inversão de funções, pois o profeta manda que o rei reúna o povo e os profetas de Baal no monte Carmelo para um sacrifício (1Rs 18,17-19). O desenrolar dos fatos é claramente definido por Elias: entre Baal e o Senhor é preciso escolher quem será Deus para Israel. Tudo toma a forma de um grande desafio entre os quatrocentos e cinquenta profetas de Baal e o único profeta do Senhor frente ao júri popular. O texto usa então ironia e múltiplas oposições, como o mostra o quadro seguinte.

Atores	"todo Israel" (múltiplo)	450 profetas de Baal (múltiplo)	Elias (único)
Duração		longa duração	"na hora da oferenda"
Ações	espectador mudo convidado a responder no final do desafio	palavra inarticulada (gritos) junto com gestos desordenados (dança, incisões no corpo)	palavra articulada (prece) unida a gestos ordenados (construção de um altar)
Resultado final	reconhecimento do Senhor como Deus para Israel, e massacre dos profetas de Baal	uma atividade abundante, mas ineficaz (silêncio de Baal)	uma passividade que recebe uma resposta (o Senhor faz cair fogo sobre o altar)

Contudo, o relato termina novamente sobre com um tom ambíguo. Certamente, Deus respondeu de fato a seu profeta. E Elias apareceu realmente como um intercessor eficaz que age no momento certo ("na hora em que se apresenta a oferenda", pode-se ler em 1Rs 18,36) e recebe pela primeira vez o título de "profeta" (1Rs 18,36). No entanto, não terá ele ao mesmo tempo brincado com fogo, forçando um tanto a resposta de Deus e a sentença do povo? E tudo acaba em um horrível massacre (1Rs 18,40)! Assim, o anúncio do retorno da chuva a Acabe toma os contornos de um triunfo absoluto de Elias em uma competição de poder entre ele e o rei (1Rs 18,41-46).

É nesse momento que a tempestade realmente começa: diante da cólera de Jezabel, lastimavelmente Elias é forçado a fugir (1Rs 19,1-4), tão impotente para salvar a própria vida quanto a viúva de Sarepta (cf. 1Rs 17,12). E, para acrescentar insulto à injúria, toma a direção do deserto, o lugar de seca. Não está aí um justo retorno das coisas a seu lugar para aquele que pretendia mandar sobre as águas, mas apenas fez vir o fogo? No entanto, a derrota leva a uma revelação final. Primeiro, na forma de um duplo encontro: diante do desânimo que leva Elias ao desgosto com a própria vida (1Rs 19,4), Deus responde por meio de um anjo "sob um junípero" (1Rs 19,5-6) – como outrora tinha respondido a Agar nesse mesmo deserto (Gn 21,14-19) – e aqui, como lá, a oferta de alimento é sinônimo de vida: "Levanta-te e come". Mas é preciso acontecer algo mais para que Elias compreenda! O profeta volta a dormir e uma segunda aparição angélica indica o objetivo do alimento: "Levanta-te e come, pois do contrário o caminho te será longo demais" (1Rs 19,7). A partir disso, a caminhada se torna uma volta às fontes: "Quarenta dias e quarenta noites até a montanha de Deus, o Horeb" (1Rs 19,8).

O final dessa longa andança é o ponto essencial: "Ele chegou lá e entrou em uma gruta, onde passou a noite" (1Rs 19,9). No espírito do leitor, tal lugar não pode deixar de lembrar a fenda da rocha em que Moisés ficou para ver Deus passar (Ex 33,22). O relato atual parece, entretanto, sobrecarregado pelo acréscimo secundário dos versículos 9b-11a que formam uma dupla com os versículos 12-14. Todo o conjunto da cena é impressionante. Tanto, que vale a pena citar por extenso o texto, numa tradução mais fidedigna:

> Um grande e impetuoso furacão fendia as montanhas e quebrava os rochedos diante de Javé, mas Javé não estava no furacão; depois do furacão houve um terremoto, mas Javé não estava no terremoto; depois do terremoto, um fogo, mas Javé não estava no fogo; e depois do fogo a voz de um fino silêncio. Quando Elias o ouviu, cobriu o rosto com o manto, saiu e pôs-se à entrada da gruta. Então veio-lhe uma voz que disse: "Que fazes aqui, Elias?"

Trata-se de uma verdadeira teofania (quer dizer, uma manifestação divina) que atua sobre um duplo contraste. Ela opera antes de mais nada um distanciamento do fogo celeste no monte Carmelo que queimou o altar e a oferenda no relato precedente (1Rs 18,38). Dizer que Deus não está no fogo externa um julgamento implícito sobre o desafio lançado por Elias. Sobretudo, essa teofania age como uma inversão do discurso habitual que se pode ler, por exemplo, em Êxodo 19,16: lá é o trovão e são os relâmpagos e a espessa nuvem que significam a presença de Deus sobre a montanha. De maneira ainda mais precisa, lemos em Êxodo 19,18-19: "O Senhor descera no fogo [...], Moisés falava e Deus lhe respondia no trovão". O efeito é ainda mais impressionante porque nos dois relatos se trata da mesma montanha. Por conseguinte, o encontro de Deus e de Elias traz uma nova visão teológica, um conhecimento de Deus no homem que sinaliza para uma experiência mística, "a voz de um fino silêncio". É preciso se precaver sobre a tradução habitual (retomada pela Bíblia de Jerusalém): "o ruído de uma leve brisa". Embora contraste bem com os outros elementos do relato (vento forte e poderoso, terremoto, fogo), ela continua demasiadamente ligada ao mesmo registro de elementos naturais. Distante disso, o "fino silêncio" significa menos a doçura da ação divina (o que enfraqueceria a leitura de 1Rs 19,15-17) do que uma ruptura radical entre aquilo que é o Deus de Israel e as representações naturais ligadas ao ídolo (fertilidade/fecundidade). No Horeb, Deus se revela "um outro" em relação a Baal, por isso não pode ser posto em comparação com ele. É essa nova visão de Deus que Elias deverá levar a Israel deste momento em diante, como lhe diz a ordem que recebe: "Que fazes aqui, Elias [...] Vai, retorna pelo mesmo caminho" (1Rs 19,13-15). Entre essas duas ordens, a "voz" sai do anonimato: "Javé lhe disse". Assim, a visão divina é libertada de toda ambiguidade.

No relato que segue há um tom diferente: aqui não há seca, mas a história de uma vinha que Acabe cobiça em Jezreel (1Rs 21). No entanto, Acabe recebe a recusa de Nabot, a quem pertence a vinha: "Javé me livre de ceder-te a herança dos meus pais!" Como mostra essa resposta, trata-se menos de uma teimosia por parte de Nabot do que de uma razão religiosa: Nabot não conseguiria vender o que pertence ao seu clã familiar. É o que Acabe não percebe, assim ele volta para casa tão raivoso que nem quer mais comer! Sua esposa Jezabel se preocupa e Acabe lhe explica as razões de seu estado, evidenciando a recusa de Nabot, sem a informar sobre as razões para essa recusa. Temos aí uma manipulação, e Jezabel, em resposta, decide resolver o problema por si mesma: escreve cartas aos Anciãos de Jezreel mandando acusar Nabot de um malfeito, a fim de o eliminar (1Rs 21,8-10). Seu plano dá totalmente certo (1Rs 21,11-14) e é com grande satisfação que ela informa disso a seu marido, o qual, livre, se apossa da vinha conquistada ao preço do sangue de Nabot (1Rs 21,15-16). O assunto poderia parar nisso, se não acontecesse a intervenção divina que desmascara o crime: "Levanta-te, diz o Senhor a Elias, e desce ao encontro de Acabe, rei de Israel, que está em Samaria. Ele se encontra na vinha de Nabot, para onde desceu para dela tomar posse. Isto lhe dirás: Assim fala Javé: No mesmo lugar em que os cães lamberam o sangue de Nabot, os cães lamberão também o teu" (1Rs 21,17-19). Mesmo que o texto em seu estado atual falhe um tanto em clareza (o julgamento mostrado em 1Rs 21,25-26 se enquadra mal em sua sequência; trata-se sem dúvida de uma glosa tardia), não há dúvida de que o discurso consegue seu efeito. Se em um primeiro momento

Acabe continua na defensiva (1Rs 21,20), no final dá provas de confusão e arrependimento, o que lhe vale uma condenação atenuada por parte de Deus (1Rs 21,26-27). Mas não é o caso de Jezabel, que continua sendo a "malvada" dessa história (1Rs 21,23-24, com o cumprimento de um castigo em 2Rs 9,30-37).

O último relato consagrado a Elias nos traz sua assunção ao céu em um carro de fogo, com grande tristeza para seu discípulo Eliseu, que reclama para si uma parte do espírito profético de Elias. A narração é grandiosa, digna de um filme hollywoodiano de grande orçamento:

> E Eliseu disse: "Que me seja dada uma dupla porção do teu espírito!" Elias respondeu: "Pedes uma coisa difícil; todavia, se me vires, ao ser arrebatado da tua presença, o que pedes te será concedido; caso contrário, isso não te será dado." E aconteceu que, enquanto eles andavam e conversavam, eis que um carro de fogo e cavalos de fogo os separaram um do outro, e Elias subiu ao céu no turbilhão. Eliseu olhava e gritava: "Meu pai! Meu pai! Carro e cavalaria de Israel!" (2Rs 2,9-12).

É assim que começa o ciclo de Eliseu, com suas próprias narrativas (2Rs 3–13).

Concluindo, retenhamos com a leitura dessas duas figuras, Natã e Elias, que o lugar do profeta junto ao rei é ser porta-voz de uma justiça vinda de Deus. Quando o rei é culpável de um crime diante de Deus e seu povo, o profeta proclama um oráculo que põe à clara luz a falta, convidando o pecador a se converter. Eis o que revela a natureza profética desse conjunto de livros.

O templo, como outro lugar de julgamento

Se o profeta nos lembra bem a justiça exigida contra reis culpados, ele não esgota a instância de julgamento no conjunto dos livros históricos que estamos lendo. A atitude dos reis para com o templo é igualmente muito importante. Para mostrar demonstrar isso, primeiro é necessário estar ciente do lugar que o templo ocupa no imaginário bíblico. Se há um lugar que domina a história judaica, é com certeza o templo de Jerusalém construído por Salomão. Uma longa descrição do edifício é dada em 1 Reis 6–7. Podemos deduzir disso a suntuosidade do edifício e a nobreza dos materiais empregados (ouro, bronze, mármore, ciprestes, oliveiras, cedros importados do Líbano), apesar da crítica literária mostrar múltiplos acréscimos que ao longo das sucessivas redações foram incluídos ao seu embelezamento. Tudo isso não impede que possamos ter uma ideia bastante exata dele.

O espaço do templo comportava diversos níveis de acesso que conduziam a um pátio exterior, onde se erguia o imenso altar dos sacrifícios e o "mar de bronze", que lembrava, sem dúvida, o abismo primordial do qual saiu a criação. O próprio edifício de forma retangular tinha um vestíbulo de entrada (*Oulam*), diante do qual se erguiam duas colunas de bronze, uma chamada *Yakîn* ("ela é sólida"), e outra, *Bo'az* ("na força"), palavras que certamente correspondem ao início de dois oráculos. Depois vinha o santuário propriamente dito (*Heykal*), continuado pelo Santo dos Santos (*Debir*), o lugar mais sagrado, no qual se conservava a Arca da Aliança sob o olhar protetor de imensos *Kerubîm*. Eram estátuas de guardas à semelhança das estátuas dos palácios assírios de que temos modelos nos marfins de Samaria. Um soberbo relevo do palácio do rei assírio Assurbanipal

(666-626), em Nínive, representando um templo construído sobre uma montanha em um jardim, mostra uma imagem daquele edifício hoje desaparecido.

No entanto, é bom ter em conta que as dimensões do templo salomônico propriamente dito eram modestas: a altura era de mais ou menos 15 metros, o comprimento, de 30 metros, e a largura, de 10. Nada comparável, por exemplo, ao imenso templo egípcio do deus Amon em Karnak. Além disso, tal modelo de estrutura retangular tripartite se parece menos com os templos egípcios do que com certos templos sírios, como os dois templos gêmeos de Emar (do fim do Bronze Recente, séculos XIV-XII) e mais ainda o templo de Tell Taynat (século VII). O templo de Taynat, com seu pórtico *in antis*, provido de duas colunatas, sua grande sala e seu altar instalado contra o muro do fundo, mas separado da parte central por dois muros, apresenta uma estrutura bem próxima do templo salomônico. Infelizmente nada mais resta do edifício salomônico de Jerusalém: as tragédias do tempo (destruição pelos babilônios em 586 a.C.) e a construção herodiana do templo apagaram todos os seus vestígios. Contudo, outros templos israelitas desse tipo constituem uma prova arqueológica indireta de sua existência. Assim, em três sítios, dois no Negev (a fortaleza de Arad e o Tell de Bersabeia) e um na Sefelá (Laquis), pôde-se constatar a existência de tais lugares de culto ainda em uso por volta dos anos 800 a.C., antes de sua dessacralização pelas reformas cultuais feitas por Ezequias e, de forma mais expressiva, por Josias (século VII). O mais bem conservado continua sendo o de Arad que apresenta a mesma estrutura arquitetônica: um grande pátio com seu altar dos sacrifícios e o santuário, em que se abre um pequeno Santo dos Santos. Acrescentemos a esse dossiê uma inscrição encontrada no templo de Pitgaiá de Ecron (século VIII): "Santuário construído por Ikausu, filho de Padi, filho de Yasod, filho de Ada, filho de Jair, filho de Ecron, para Pitgaiah, sua protetora. Que ela o abençoe e proteja, e prolongue seus dias, e abençoe seu país". Uma inscrição do mesmo tipo, celebrando ao mesmo tempo a divindade venerada no templo e o rei que o tinha construído devia com certeza ornar a entrada do templo de Jerusalém. Encontra-se disso um eco no oráculo de Natã (2Sm 7), já visto acima.

A simbólica do templo

Para ir além dessa simples descrição, convém nos determos na simbólica do templo, tal como aparece no relato da sua dedicação (1Rs 8). A partir de um fundo relativamente antigo (que se pode verificar nos versículos 1-13), o relato se estende amplamente para justificar a existência do templo na história judaica: é o lugar em que Deus fez residir seu Nome e por isso pertence a uma história de salvação (1Rs 8,14-61). Um esquema desse discurso permite visualizar melhor sua estrutura a partir de algumas indicações de movimentos:

I	II	III
versículo 14 "o rei se voltou…"	**versículo 22 "Salomão postou-se…"**	**versículo 54 "…ele pôs-se de pé…"**
versículos 15-21 discurso do rei ao povo	versículos 23-53 oração do rei diante de Deus	versículos 55-61 discurso do rei ao povo

Uma verdadeira teologia do templo se mostra aqui, na qual podemos reconhecer os dois momentos fortes da história da aliança (III. Dom da Lei com Moisés – I. Eleição dinástica com Davi), assumidos pela presença do Nome divino no templo (II):

I	II
"Bendito seja Javé, Deus de Israel, que realizou por sua mão o que, com sua boca, prometera a meu pai Davi, dizendo…" (v. 15)	"Bendito seja Javé, que concedeu o repouso a seu povo Israel, conforme todas as suas promessas; de todas as suas palavras que dissera por meio de seu servo Moisés, nenhuma falhou…" (v. 55)
Aliança davídica (rei) evidenciando o cumprimento do oráculo dinástico	Aliança mosaica (povo) evidenciando o cumprimento da Lei

III
A articulação dessas duas alianças (v. 21 e v. 27) está na prece central através da mediação do Templo (II). Portanto, a escolha divina de Davi e a permanência de sua dinastia (I) aparecem como o meio histórico de realizar a aliança do Sinai (III)

Na abertura do relato, a transferência da Arca da Aliança para o Santo dos Santos (1Rs 8,1-13) reforça esses laços, fazendo do templo de Jerusalém a dupla memória do tempo do êxodo (a Arca conduzida pelo povo no deserto) e da eleição dinástica de Davi e de sua descendência. É nesse aspecto que o templo continua sendo central no livro. Como vamos ver a seguir, ele é inclusive o principal critério teológico para estabelecer distinção entre reis "bons" e "maus". O livro fala de andar no caminho de Davi ou de se afastar dele. Isso é indicado inicialmente a partir do relato que segue por ocasião de uma segunda aparição divina a Salomão, dessa vez não em Guibeon (cf. 1Rs 3,4-15 e a alusão em 1Rs 9,2), mas no próprio templo:

> Ouvi a oração e a súplica que me dirigiste. Consagrei esta casa que construíste, nela colocando meu Nome para sempre; meus olhos e meu coração aí estarão para sempre. Quanto a ti, se procederes diante de mim como teu pai Davi, na integridade e retidão do coração, se agires segundo minhas ordens e observares meus estatutos e minhas normas, firmarei para sempre teu trono

real sobre Israel, como prometi a Davi, teu pai, dizendo: "Jamais te faltará um descendente sobre o trono de Israel"; porém, se vós e vossos filhos me abandonardes, não observando os mandamentos e os estatutos que vos prescrevi e indo servir a outros deuses e prestar-lhes homenagem, então erradicarei Israel da terra que lhes dei; rejeitarei para longe de mim este templo que consagrei a meu Nome e Israel será objeto de escárnio e de riso entre todos os povos (1Rs 9,3-7).

Através dessas palavras bem categóricas, percebe-se muito bem uma meditação crente que, desde a construção do templo salomônico, expõe ao leitor as causas longínquas do futuro exílio e a ruína de um edifício que não preservou Israel de pecar (2Rs 25).

Do pecado de Jeroboão ao pecado de Manassés: as razões de um duplo fracasso

Se, no dizer da teologia enunciada em 1 Reis 9, Josias é um rei justo e santo, é de fato a ele que 2 Reis 22,2 descreve com estas palavras: "Ele fez o que é agradável aos olhos de Javé e imitou em tudo a conduta de seu antepassado Davi, sem se desviar para a direita nem para a esquerda". Os dois capítulos que lhe são consagrados no livro dos Reis descrevem como, após ter encontrado o livro da Lei esquecido em um templo meio abandonado, ele faz com que a profetiza Hulda o declare autêntico (2Rs 22), antes de empreender uma ampla reforma destinada a erradicar de seu reino todos os Lugares Altos e seus sacerdotes em favor do único templo de Jerusalém (2Rs 23). Reconhecemos aqui a aplicação da lei de centralização do culto do Deuteronômio (Dt 12), o que, em parte, permite também datar a redação do mesmo livro do Deuteronômio no reinado de Josias. Além disso, a inserção feita em Deuteronômio 6,5 "Amarás o Senhor teu Deus de todo o teu coração, de todo o teu ser e com toda a tua força" não se encontra senão neste julgamento final pronunciado sobre Josias: "Não houve antes dele rei algum que se tivesse voltado, como ele, para Javé de todo o seu coração, de toda a sua alma e com toda a sua força" (2Rs 23,25).

Ora, esse não é o caso de dois outros reis; o primeiro, um israelita, o outro, um judeu, aos quais esse mesmo livro atribui o fracasso da história de seus respectivos reinos. Comecemos por Jeroboão I (1Rs 12,26-33). Após a desintegração do império salomônico (1Rs 12,1-9) e o fracasso de uma guerra de reconquista pelo judeu Roboão, filho de Salomão (1Rs 12,20-25), Jeroboão reina sem partilha sobre Israel. Para firmar seu poder, é-lhe necessário desviar o coração do seu povo de Jerusalém e do seu templo, assim como ele próprio o diz em seu foro interno: "Agora o reino vai voltar para a Casa de Davi. Se este povo subir para oferecer sacrifícios na Casa do Senhor em Jerusalém, o coração deste povo voltará para o senhor deles, Roboão, rei de Judá, e eles me matarão". Para se prevenir disso, Jeroboão decide fazer duas imagens de bezerros para os santuários de seu reino, um junto à fronteira sul (em Betel), outro na fronteira norte (em Dã). Além disso, institui por decisão própria um sacerdócio não descendente da tribo de Levi, para exercer o serviço nesses santuários e fixa datas litúrgicas não conformes ao calendário sagrado. Sem dúvida, o forte tom polêmico desse relato convida a lê-lo com precaução, a começar por seu início, no qual o narrador nos introduz à interioridade de Jeroboão. Ora, que meio temos para verificar o que seria secreto por natureza? Se o que está implicitamente subentendido tivesse aparecido claramente, não teria perdido sua força de convicção? Temos, portanto, uma interpretação proposta ao leitor, sem que este tenha meio de verificar sua exatidão. Acrescentemos a isso o estranho do projeto que se enquadra mal nas ambições do rei: não somente Jeroboão fala sempre distante do povo que o elegeu rei, mas designa seu rival como o "senhor deles", desqualificando assim sua própria legitimidade! Tal ponto de vista só pode ser judeu, como se nota já no início do monólogo: "Agora o reino vai voltar para a Casa de Davi". Eis o que confirma o caráter fortemente construído de semelhante discurso. Não devemos lê-lo a partir de um único ponto de vista. Não é menos verdade que no espírito do livro dos Reis tais intenções, unidas às ações do rei, constituem "o pecado de Jeroboão" e fazem julgar negativamente todos os reis israelitas até o desmoronamento desse reino (2Rs 17). Como veremos daqui para frente, foi o afastamento do templo de Jerusalém e de suas liturgias que constituiu a instância suprema do julgamento emitido sobre o reino do Norte, e foi isso que impediu de reconhecer a grandeza de alguns daqueles reis (como Acabe ou Jeroboão II), segundo critérios mais históricos.

De forma paralela e semelhante, o livro dos Reis julga o pecado de Judá pelo mesmo viés da apostasia de seu rei Manassés:

> Então Javé falou por intermédio de seus servos, os profetas, dizendo: "Já que Manassés, rei de Judá, cometeu essas abominações, procedendo ainda pior do que tudo o que tinham feito antes dele os amorreus, e fez pecar também Judá com seus ídolos, assim fala Javé, Deus de Israel: 'Eis que faço cair sobre Jerusalém e sobre Judá uma desgraça tal, que fará retinir os dois ouvidos de todos que dela ouvirem falar. Passarei sobre Jerusalém o mesmo cordel que passei sobre Samaria e o nível que usei para a casa de

Acabe. Limparei Jerusalém como se limpa um prato, que se vira para baixo depois de o haver limpado. Abandonarei os restos de minha herança, entregá-los-ei nas mãos de seus inimigos e eles servirão de presa e de espólio a todos os seus inimigos, porque fizeram o mal aos meus olhos e provocaram minha ira, desde o dia em que seus pais saíram do Egito até hoje'" (2Rs 21,10-15).

Manassés é também considerado diversas vezes responsável direto pela deportação que veio depois (2Rs 22,16-20; 2Rs 23,26-27). Por Manassés ter profanado o templo – introduzindo nele os cultos idolátricos e realizando sacrifícios humanos (2Rs 21,4-7), desviando de seu Deus o povo de Judá (2Rs 21,9) – com ele foi atingido um ponto sem volta, onde reformas e conversões individuais (Josias) não poderiam mais devolver ao reino de Davi o direito à existência. Não lhe restava senão desaparecer, e é em referência a essa falta que 2 Reis 24,3 introduz as incursões contra Judá de bandos de Caldeus, Moabitas e outros Amonitas, prelúdios da brutal invasão babilônica, que terminaria com tudo. Não significa que após o colapso do reino de Israel por causa do "pecado de Jeroboão" (desviar seu coração do templo), o reino de Judá não tem mais lugar em sua terra Ele inclusive se encontra no mesmo grupo reduzido ao nível das nações que Deus expulsou de seu povo, segundo o livro de Josué. É assim que devemos ler o julgamento final que se encontra em 2 Reis 21,2 e 21,9-10.

A leitura desse segundo conjunto de textos mostra em que o templo ocupa um lugar central. Se a palavra dos profetas é portadora do julgamento divino contra reis culpados, a atitude desses mesmos reis para com o templo constitui a outra instância judicial nesses livros. Os critérios de avaliação positiva dos reis não têm origem na grandeza ou no poder deles, como o faria um historiador que veria em Acabe e em Jeroboão II o apogeu do destino de Israel, mas em sua fidelidade ou infidelidade à lei divina, tal como ela está exarada no Deuteronômio.

9

Um outro olhar sobre a história (o livro das Crônicas)
Tema 6

Por que nos ocupar aqui de um livro que, segundo o cânon hebraico das Escrituras, não pertence aos "livros proféticos", mas aos "Escritos"? A razão disso é porque o livro das Crônicas, dividido em dois tomos, apresenta a particularidade de propor uma versão alternativa aos livros de Samuel e dos Reis, a ponto de a versão grega dos Setenta falar em referência a ele de "coisas omitidas" (*paralipomenoi*). Mas isso não faz justiça ao conteúdo total da obra com suas escolhas e perspectiva próprias. Mesmo uma leitura superficial permite perceber no livro das Crônicas o lugar central ocupado por Davi como iniciador do templo e fundador, juntamente com Moisés, das prescrições cultuais, especialmente referente aos cantores levíticos (1Cr 10–29). Por outro lado, encontramos nas Crônicas apenas três passagens aludindo ao êxodo, em favor de uma representação de um Israel de clãs autóctones (1Cr 1–9).

Eis o que já significa uma verdadeira distância frente ao outro conjunto de textos Josué–Reis, sendo que obedece sobretudo a uma visão deuteronomista, segundo a qual o êxodo mosaico conduz à construção do templo salomônico (cf. 1Rs 8).

Ora, o modelo historiográfico proposto pelo cronista difere sensivelmente ao relegar, muitas vezes, o êxodo a simples referências ao passado. Em contrapartida, o livro das Crônicas dá importância bem maior às figuras patriarcais (especialmente a Abraão, identificando o monte Moriá, lugar do sacrifício segundo Gn 22, com o monte do templo em 2Cr 3,1) e sobretudo a Davi e seu filho Salomão. Centrado sobre um espaço ("o país de Israel") e uma linhagem (a davídica), o livro das Crônicas oferece ao leitor uma história revista mediante minuciosa reformulação da história antiga, segundo uma nova perspectiva que é a do período persa (séculos V e IV a.C.).

O que devemos entender com isso? Para responder a essa pergunta, convém primeiro datar o livro. Datação essa que continua sendo discutida, é verdade, mas diversos indícios permitem razoavelmente optar pelo fim do período persa, e até mesmo os inícios da época grega, ou seja, por volta de 400 a.C. Não se fala acaso em 1 Crônicas 29,7 de "dáricos", moeda persa introduzida por Dario? Do mesmo modo, a importância dada ao templo como lugar de identidade para a comunidade judaica corresponde perfeitamente a essa época em que a presença de um poder local faz falta. Tal clima lembra as últimas profecias de Ageu e de Zacarias, enquanto o lugar devolvido aos salmos se explica pela liturgia hínica do segundo templo reconstruído por Zorobabel em 515 a.C. Porém, a ausência de polêmica com o mundo grego proíbe datar o livro como do século II, marcado pela revolta dos Macabeus contra os soberanos selêucidas de Antioquia. Tal datação encontra também apoio na estruturação do livro, que mostra com clareza que seu objeto central define a realidade étnico-geográfica de Israel, reagrupado em quatro seções:

- 1 Crônicas 1–9 Israel em sua terra (as genealogias)
- 1 Crônicas 10–2 Crônicas 9 Israel unido (Davi e Salomão)
- 2 Crônicas 10–28 Israel dividido (de Roboão a Acaz)
- 2 Crônicas 29–36 Israel entre restauração e exílio.

Melhor que uma repartição tripartite (1Cr 1–9 as genealogias; 1Cr 10–2Cr 9 Israel unido; 2Cr 10–36 Israel dividido), essa estruturação permite estabelecer um paralelo entre os reis fundadores do templo (Davi e seu filho Salomão) e os reis que restauram sua grandeza (Ezequias e Josias) depois de um tempo de desprezo sob o poder de Acaz, sendo Ezequias e Josias figuras-tipo de um Israel fiel reunido ao redor do templo e seu culto. Em oposição a isso, as figuras de Saul, e mais ainda as de Roboão e Acaz, apresentam o contra-modelo de um Israel infiel para com o templo e seu culto.

A ocultação do êxodo

Não há nenhuma dúvida de que a historiografia deuteronomista subjacente ao conjunto de textos Josué–Reis foi construída em referência ao êxodo. Ora, como já dissemos, o cronista dá pouco lugar ao êxodo na reformulação da história, sem, contudo, ocultá-lo de todo. Trata-se no máximo de um marco temporal passado (por exemplo 1Cr 17,5.21) que o cronista retoma de suas fontes (os livros de Samuel e Reis), mas em caso algum como evento fundacional. Fazendo isso, o lugar ocupado pelo templo e atribuído pelo espaço (o monte Moriá) às figuras de Abraão e Davi aparece como ainda mais fundamental: é o templo que define a identidade judaica naquele momento.

Tal visão aparece claramente em relatos nos quais o cronista oculta o acontecimento do êxodo. Inicialmente concerne à liturgia que acompanha o estabelecimento da Arca da Aliança em Jerusalém. Ampliando consideravelmente sua fonte (2Sm 6), o cronista explica o primeiro insucesso da transferência pela ausência dos levitas (1Cr 13). É, portanto, a eles que toca acompanhar a ida da Arca até Jerusalém, enquanto Davi dança diante dela (1Cr 15). Uma vez que ela está entronizada em seu lugar, Davi organiza a liturgia que dá sentido à presença dela, instituindo para esse ofício cantores levíticos. É nesse contexto que se lê um longo salmo (1Cr 16,8-36), verdadeira colcha de retalhos composta a partir de diversos salmos: Sl 105,1-15; Sl 96,1-13a; Sl 106,1.47-48. Ora, a comparação com esses textos-fonte mostra que nem uma vez o cronista conservou as alusões ao êxodo, mas somente as promessas feitas aos patriarcas (cf. Sl 105,5-15; e o mesmo aconteceu com Sl 106). Daí nasce um novo texto, no qual Israel, qualificado de "povo santo" (1Cr 16,8-22), é dirigido por seus sacerdotes (os "ungidos") e levitas (os "profetas"). Segundo essa visão nitidamente teocrática, o fundamento das esperanças de Israel reside nas promessas feitas aos patriarcas (1Cr 16,15-17).

Seleção semelhante se encontra em 2 Crônicas 3,1-2, em que a introdução ao relato da construção do templo substitui a referência ao êxodo – "No ano 480 após a saída dos israelitas da terra do Egito" (1Rs 6,1) – pela determinação de um duplo espaço: "o lugar que Davi havia fixado na eira de Ornan, o jebuseu" (em referência a 1Cr 21,15 ss), e "no monte Moriá" (cf. Gn 22,2).

Se podemos hesitar quanto à pertinência de 2 Crônicas 6,11 em relação ao que vimos em 1 Reis 8,21, não há dúvidas quanto ao final da oração de Salomão no cronista (2Cr 6,39-42). Aqui o autor abrevia muito sua fonte, substituindo a dupla referência ao êxodo (1Rs 8,51b "os que fizeste sair do Egito, daquela fornalha de ferro" e 1Rs 8,53b "por meio de teu servo Moisés, quando fizeste sair do Egito nossos pais"), por uma citação do Salmo 132 que lembra mais explicitamente a transferência da Arca para Jerusalém por Davi. Duas conclusões vêm à tona ao tomarmos contato com essas releituras. Em primeiro lugar, em cada caso o cronista privilegia a unidade formada por Davi e Salomão, aos quais se deve a construção do templo, faz isso, mais precisamente, por meio de dois acontecimentos litúrgicos maiores: a transferência da Arca a Jerusalém e sua introdução no templo. Por conseguinte, o acontecimento fundador de Israel é menos o êxodo do que esse legado cultual que Israel herda pela liturgia do templo. Em segundo lugar, o legado de Davi se enraíza também na tradição patriarcal, particularmente em continuidade com a figura de Abraão, o que define Israel por seus laços genealógicos (1Cr 1–9) e não pelo êxodo vivido outrora. Não se lê de fato em 2 Crônicas 20,7: "Não és tu que és nosso Deus, que, diante de Israel, teu povo, desalojaste os habitantes desta terra? Não a deste à raça de Abraão, teu amigo, para sempre?" A referência explícita ao êxodo cede diante da filiação abraâmica. A ocultação do modelo exôdico não é tanto uma rejeição da figura de Moisés quanto uma tentativa do cronista de representar a realidade de Israel segundo um modelo diferente do modelo da historiografia deuteronomista (êxodo-conquista-realeza-exílio).

Davi, o rei que se tornou cantor

Neste trabalho de reescrita, é interessante ver como o cronista desenha a figura de Davi, o que ele retém de sua fonte (Samuel) e o que lhe é próprio. Sem esquecer também que o cronista se inscreve em uma herança, a dos meios levíticos, que durante o período persa atribuiu a autoria dos salmos ao fundador da realeza. Ora, se muitas vezes o cronista segue bem de perto sua fonte ao se referir às "atividades civis" do rei (guerras, conquista de Jerusalém), usa grandes liberdades ao se referir à "esfera cultual". Basta um exemplo: a narração da "transferência da Arca" passa de 23 versículos (2Sm 6) para 86 (1Cr 13 +1Cr 15–16), e só ele dá um papel essencial aos levitas na hora da transferência, explicando, por sua ausência, o primeiro insucesso. Assim também são significativas certas omissões. Por exemplo, em Samuel as guerras de Davi contra os Amonitas servem de quadro à narração do adultério do rei com Betsabeia (2Sm 10–12). Sem deixar de se referir a essas guerras (1Cr 19), o cronista oculta o adultério de Davi em seu relato, eliminando assim a sombra lançada sobre ele. O opróbrio também não mancha o nascimento de Salomão, que poderia ser confundido com a criança nascida do adultério. Na obra do cronista, Salomão é para sempre visto como o construtor escolhido por Deus para erguer o templo (1Cr 22 e 1Cr 28–29). De igual modo, o cronista passa em silêncio as querelas de sucessão (2Sm 13–20) e as intrigas (1Rs 1–2) que levaram Salomão ao trono. A tudo isso se acrescentam criações originais como a unidade de Israel em torno de Davi, que se forma ainda durante a vida de Saul (1Cr 12,1-41), continuada naquela que acompanha a chegada de Salomão (1Cr 29,22-30). Sobretudo, porém, retenhamos a instituição feita por Davi do pessoal do culto a serviço do templo, sacerdotes, cantores e porteiros (1Cr 22–26), legados que seu filho Salomão herdará.

Seria certamente extenso o detalhamento de toda essa construção literária. Por isso, fiquemos apenas com dois relatos mais significativos da maneira de escrever do cronista. Antes de tudo, a entrada em cena de Davi. Da longa narração sobre sua ascensão em Samuel (1Sm 16–2Sm 1), o cronista conservou somente o final: a morte de Saul diante dos Filisteus (1Cr 10). Mas se ele se inspira em seu modelo (1Sm 31), é à custa de certo número de modificações que colocam em um foco original a figura de Davi em sua obra. Em primeiro lugar, a derrota em Guilboa sela daqui em diante a ruína definitiva de Saul e de sua casa (comparar 1Cr 10,6 com 1Sm 31,6). É isso que permite passar em silêncio pelo reinado efêmero do último filho de Saul, Isbaal (2Sm 2,8–4,12), criando uma ordem sequencial apropriada. Em segundo lugar, a sorte reservada aos restos mortais de Saul (deposição de seu crânio "no templo de Dagom", comparar 1Cr 10,10 com 1Sm 31,10) faz eco ao relato da captura da Arca no país filisteu, já conhecido do leitor (cf. 1Sm 5,2). Além disso, lembra que o destino trágico do rei é consequência da negligência por ele demonstrada em relação à Arca (1Cr 13,3), quando Davi faz sua transferência para Jerusalém, o que lhe valeu a derrota dos Filisteus (1Cr 14). Em terceiro lugar, o final do relato revela por que Saul e sua casa foram rejeitados: ele se mostrou infiel ao Senhor quando consultou o espírito dos mortos (1Cr 10,13). Sendo próprio do cronista, esse último dado retoma a temática da rejeição de Saul por Deus (1Sm 13,14; 1Sm 28,17) e faz eco à maneira pela qual o rei, começando a envelhecer, tinha consultado o espírito de Samuel, saído de seu tumulo (1Sm 28). Nesse julgamento teológico, a atitude ímpia de Saul se opõe diretamente à do fiel, que para o cronista é "buscar Deus". A eleição de Davi só se compreende nesse horizonte: "Ele (Saul) não tinha buscado Javé, que o fez perecer e transferiu a realeza a Davi, filho de Jessé" (1Cr 10,14). A desqualificação de Saul aparece como mais importante que sua morte e é seguida imediatamente pela unção de Davi sobre todo Israel (1Cr 11,1-3). Isso se dá quando o livro de Samuel já havia distinguido claramente os anos de reinado de Davi em Hebron sobre Judá, depois em Jerusalém, sobre todo o Israel (2Sm 5,4-5).

Outro exemplo retoma o relato do "recenseamento de Israel" por Davi (1Cr 21), que reinterpreta com fineza o relato paralelo de 2 Samuel 24. Restringimo-nos a alguns elementos. Em primeiro lugar, a maneira como o cronista define a identidade de Israel, eliminando ao máximo a dualidade "Judá e Israel" (2Sm 24,1) em proveito de uma visão mais unitária do povo (1Cr 21,1-2.4), correspondente à sua visão de um "Israel inteiro" reunido atrás de Davi (1Cr 11–12). Sem dúvida, é isso que o leva a omitir o elemento geográfico de 2 Samuel 24,5-8, que não correspondia mais à modesta extensão da província persa do Yehud (Judá) dos séculos V e IV. No entanto, a reescrita dá sobretudo testemunho de um duplo escrúpulo teológico: em Crônicas, não é mais Deus, mas Satanás quem incita Davi a pecar. Sem ver ainda aqui uma figura bem atestada na literatura judaica e cristã posterior, de agora em diante é "um adversário" e não o Senhor mesmo que se coloca contra Israel. Além disso, apesar da ordem recebida, Joab se recusa a recensear a tribo sacerdotal de Levi e a de Benjamim, onde se encontra um santuário, segundo Josué 18,28. Era propriedade do Senhor e não poderia ser incluído na falta do rei! Ora, quem conhece a brutalidade de Joab em Samuel só pode rir aqui, a não ser que releia o texto à luz de Números 1,47.

Um escrúpulo teológico igual leva o cronista a reavaliar em seu texto a culpabilidade de Davi (1Cr 21,7-8). Se Davi mede a extensão de sua falta segundo 2 Samuel 24,10 (sinal de que ele está consciente de ter ultrapassado um limite); para o cronista é apenas à vista do castigo que se abate sobre Israel (1Cr 21,7) que Davi toma consciência de sua falta (1Cr 21,8). Semelhante inversão inocenta grandemente a Davi aos olhos do leitor: ele agiu por ignorância e imprudência. Mais ainda, ela sublinha que a tomada de consciência da falta leva Davi a uma confissão imediata. Por isso, no texto do cronista, Davi faz figura de pecador arrependido que assume sobre si – e sobre sua família – a falta; depois se humilha profundamente e, por fim, intercede em favor de seu povo (1Cr 21,16-17).

É com essa perspectiva que convém ler o final do relato em que o cronista desenvolve grandemente sua fonte. Da simples compra da eira de Araúna (Ornan), sobre a qual Davi ergue um altar (2Sm 24,18-25), o relato desenvolve uma verdadeira teofania (1Cr 21,18-30), o que não deixa de lembrar o fogo do céu caindo sobre o sacrifício de Elias, pois o texto de 1 Reis 18,38 é retomado em 1 Crônicas 21,26: "Davi construiu lá um altar para Javé e ofereceu holocaustos e sacrifícios de comunhão. Invocou a Javé, e Javé lhe respondeu, fazendo cair fogo do céu sobre o altar do holocausto". Além disso, a alusão final à Tenda do Senhor erguida no deserto por Moisés, como também ao altar do holocausto, ambos presentes então no Lugar Alto de Guibeon (1Cr 21,29), prenuncia a versão cronística do sonho de Guibeon (2Cr 1,3-5), que faz de Salomão o herdeiro das tradições mosaicas e das de seu pai Davi. Dele, Salomão recebe o modelo do templo (1Cr 28,19), como Moisés tinha recebido no Sinai o modelo da Tenda (Ex 25,9.40).

Uma orientação presente: a fidelidade ao culto e à Lei

Para concluir, sublinhemos uma última temática teológica que caracteriza o livro das Crônicas e lhe dá unidade: o princípio teológico da retribuição imediata. Em certos lugares-chave do livro, Davi (1Cr 22,13; 28,9) e Salomão (2Cr 7,13-14) expressam o princípio segundo o qual cada geração se encontra diante da escolha de ser fiel a Deus, quer dizer, de se dedicar ao culto em Jerusalém e à Lei; pode-se acrescentar a isso os textos de 2 Crônicas 12,5; 15,2 e 20,20. Ser fiel é "buscar a Deus", "humilhar-se" diante dele e "voltar" a ele, ao que se opõem "o abandono" e "a infidelidade". Cada reino é então julgado segundo esse modelo e, de acordo com isso, recebe bênção ou maldição. No primeiro caso, prosperidade, atividades e numerosas construções, vitórias sobre o inimigo, apoio popular; no segundo, derrotas militares, impopularidade, doença. Um único exemplo bastará como ilustração: a infidelidade de Roboão (2Cr 11,18–12,1) foi prelúdio da invasão egípcia em seu reino (2Cr 12,2-11), até sua submissão desviar a cólera divina e trazer de volta a paz (2Cr 12,12-13). Além disso, nada jamais está garantido, como o mostra a história de Josafá. Essa história é construída segundo uma alternância de "fases positivas" (2Cr 17,1-18a; 19,1–20,30; 21,1) e "fases negativas" (2Cr 18,1b-34; 20,35-37), em função das alianças do rei com o Senhor ou com o Reino do Norte. Mais uma vez, a figura referencial de Davi serve de paradigma, o relato de 1 Crônicas 21 anteriormente citado faz do rei o modelo do pecador que revê sua falta e intercede por seu povo.

No término de nossa análise, impõe-se a conclusão: o livro das Crônicas está teologicamente construído ao redor de três grandes temáticas. Em primeiro lugar, Israel é descrito como um povo cultual, unido ao redor do templo. Em segundo lugar, a leitura da história passada é feita segundo os pontos de vista dos meios levíticos que fizeram de Davi seu fundador. Em terceiro lugar, a teologia da retribuição serve de modelo ao Israel daquele momento. A constância dessas temáticas dá à obra sua unidade para além da aparente divisão em dois livros.

10

A recepção do livro. O texto nas origens da vida da Igreja

Sem dúvida por serem considerados demasiadamente ligados à história judaica, a recepção cristã dos livros de Josué a Reis não gozou da mesma atração que gozaram, por exemplo, o Gênesis ou os livros proféticos (sobretudo Isaías e Jeremias). Contudo, além de terem sido uma fonte maior para as *Antiguidades Judaicas* de Flávio Josefo, historiador judeu do século I, deram lugar a muitas histórias judaicas em torno de suas figuras maiores. Assim, a fama da sabedoria de Salomão, que lemos em 1 Reis 5,9-14, faz dele um mágico perito em diversas ciências como a física, a astrologia ou a demonologia: "E Deus lhe concedeu a arte de combater os demônios para a utilidade e a cura dos homens. Ele compôs os encantamentos para conjurar as doenças; deixou as fórmulas de exorcismos, pelas quais aqueles que são possuídos por demônios os expulsam a ponto de não voltarem mais" (Flávio Josefo, *Antiguidades* VIII § 45-49). Ignorados pelo relato bíblico, mas bem atestados pela tradição rabínica (*Talmud de Babilônia Ber* 10b; *Talmud de Babilônia Pes.* 56a; *Talmud de Jerusalém Pes.* 9, 2), esses dons de exorcista e de terapeuta ressurgem na figura medieval judaica e cristã de Salomão, notadamente pela busca da pedra filosofal. Quanto ao Novo Testamento, o olhar sobre Salomão continua mais contrastante ainda: se Mateus 7,28-29 reconhece toda a sua glória (apoiado sobre o esplendor descrito em 1Rs 10,4-5 até fazer a rainha de Sabá perder o fôlego), o discurso de Estêvão diante de seus juízes vê no construtor de um templo feito por mãos humanas aquele que introduziu a idolatria em Israel (At 7,47). Volta a imagem totalmente negativa de 1 Reis 11 que o livro de Neemias já refere: "Não foi esse o pecado de Salomão, rei de Israel? Entre tantas nações, não houve rei que se igualasse a ele; era amado por seu Deus; Deus o tinha feito rei de todo o Israel. Mas até mesmo a ele as mulheres estrangeiras fizeram pecar!" (Ne 13,26).

Este primeiro exemplo mostra que a recepção das figuras centrais desses livros continua pouco abundante nos escritos neotestamentários, fora algumas alusões aos ciclos proféticos de Elias (a viúva de Sarepta em Lc 4,25-26) e de Eliseu (Lc 4,27 Naaman, o leproso), por ocasião da pregação inaugural de Jesus em Nazaré. A figura ascética de Elias se desenha também como pano de fundo do profeta-precursor João Batista, que vive no deserto vestido de um manto feito de pelos de camelo, quer dizer, a veste do profeta de outrora (Mc 1,6 e textos paralelos fazem claramente eco a 2Rs 1,7-8). No dizer de Jesus, João Batista não é o Elias que deve voltar (Mt 17,9-13; Mc 9,11-13; Jo 1,21) em cumprimento da profecia de Malaquias: "Eis que vos enviarei Elias, o profeta, antes que chegue o Dia de Javé, grande e terrível. Ele fará voltar o coração dos pais para os filhos e o coração dos filhos para os pais, para que eu não venha ferir a terra com anátema" (Ml 3,23-24)? Uma profecia que também encontra similaridades em Mateus 11,7-10, citando-a literalmente, é Malaquias 3,1: "Eis que envio o meu mensageiro à tua frente; ele preparará o teu caminho diante de ti". De maneira mais sutil, a radicalidade do apelo para o discípulo seguir Jesus (Mt 8,19-22; Lc 9,57-61) retoma o apelo igualmente radical de Eliseu a seguir Elias (1Rs 19,19-21). No entanto, é mais uma vez o evangelho de Lucas que mais chama a atenção, pois sua linha teológica singular tende a fazer de Jesus o cumprimento do profeta Elias, como aparece em dois relatos que lhe são próprios: a ressurreição do filho único da viúva de Naim (Lc 7,11-17 repercutindo 1Rs 17,7-24), e o anjo que conforta Jesus em sua agonia no Getsêmani (Lc 22,43 reiterando 1Rs 19,4-6).

A figura de Elias também está presente nas cartas apostólicas do Novo Testamento, pois a argumentação paulina em Romanos 11,1-5 se apoia sobre a queixa de Elias (1Rs 19,10.14) e a resposta de Deus que segue (1Rs 19,18), para afirmar que ainda há um resto de justiça em Israel. Do mesmo modo, Tiago 5,16-20 propõe um comentário ético sobre a volta da chuva, como se lê em 1 Reis 18,36-37.

No entanto, não podemos reduzir a recepção do conjunto dos livros Josué a Reis apenas à figura de Elias. O nome do herói conquistador *Yehoshua* (Josué) foi transcrito no grego da Setenta para '*Iêsous*, o que permite ver em Josué a prefiguração de Jesus a partir de acontecimentos-chave de sua história que os Padres da Igreja releram de maneira tipológica em suas homilias. Assim, a travessia do Jordão e a entrada na Terra Prometida (Js 3,14-17) foram aproximados ao batismo de Jesus nas fronteiras dessa mesma terra (Mc 1,9-11 e textos paralelos), enquanto a celebração da primeira Páscoa com frutos do país (Js 5,10-12) é considerada uma antecipação da última Páscoa de Cristo com seus discípulos (Mc 14,22-25), sendo uma e outra primícias da salvação vindoura.

Em seu *Prólogo Galeatus*, São Jerônimo não descreve a conquista do país por Josué e suas vitórias sobre os reis inimigos como uma antecipação dos bens espirituais oferecidos pela Igreja? Sob um registro mais ético, Orígenes procura explicar em sua *Homilia VIII* sobre Josué a estratégia militar do general: se ele divide em duas partes seu exército para conquistar a cidade de Ai (Js 8), é porque se trata agora da "salvação primeiro do Judeu, depois do Grego". Tesouro inesgotável da leitura alegórica, à qual se pode opor muitas vezes a leitura mais literal de Teodoreto de Ciro em suas *Quaestiones* (breves comentários sob forma de questões-respostas) sobre os livros dos Reis e das Crônicas. Temos um belo avatar dessa aproximação na maneira bem singela como Daniel-Rops procura explicar o episódio da derrubada dos muros de Jericó (Js 6) em sua célebre *História Sagrada*, publicada em 1943: "Foi perguntado se o som das trombetas não teria sido um meio distrair desviar a atenção de uma operação de cavar uma mina. Terminados esses trabalhos, um novo aviso teria advertido os cavadores a saírem das galerias, pondo fogo ao madeirame, para fazer ruírem as muralhas. Outros procuram explicar tudo por um abalo sísmico". Se hoje tais interpretações causam riso, não deixaram de ser saudadas por Jorge Bernanos em sua conferência "Os santos, nossos amigos", feita em 1947 em Túnis. Para terminar, de maneira mais negativa e sob um registro totalmente diferente, lembremos a condenação do heliocentrismo em 1633, defendido por Nicolau Copérnico (*De revolutionibus Orbium Coelestium*, publicado em 1543) e retomado por Galileu Galilei: em defesa do geocentrismo, seus opositores citaram a passagem de Josué 10,12-14, herdada de Aristóteles e da Bíblia (Sl 93,1: "O mundo permanece firme, inabalável"), na qual Deus deteve e atrasou o ocaso do sol e da lua a pedido de Josué.

Todavia, com certeza é a figura de Davi, ainda que ambígua porque ele é tanto um santo quanto um pecador, a mais evocada na recepção cristã desse conjunto de livros. Jesus não é chamado "filho de Davi" desde o começo do evangelho de Mateus (Mt 1,1)? E não é a Davi que Jesus invoca para explicar um gesto que escandalizara os Fariseus (arrancar espigas de trigo em dia de sábado): "Nunca lestes o que fez Davi, quando se achavam em necessidade e tinham fome, ele e seus companheiros?" (Mc 2,23-26 e textos paralelos, em referência a 1Sm 21,2-7)? Mas é sobretudo por esse título que Jesus entra em sua Paixão, primeiro com a interpelação de Bartimeu, o cego de Jericó (Mc 10,47-48), seguida imediatamente pela entrada messiânica em Jerusalém aos gritos do povo de "Hosana! Bendito seja o que vem em nome do Senhor! Bendito o reino de Davi nosso pai que vem!" (Mc 11,9-10). Semelhante visão é ainda mais ampliada no livro dos Atos dos Apóstolos, no discurso de Pedro em Pentecostes, que apoiado no Salmo 16,8-11 e no Salmo 110,1 faz de Davi um profeta (At 2,25-35), e também na epístola aos Hebreus que, em sua longa ladainha sobre a fé exemplar dos antepassados, propõe um tipo de sumário de todo esse conjunto de livros:

> Foi pela fé que as muralhas de Jericó caíram, depois do cerco de sete dias. Foi pela fé que Raab, a prostituta, não pereceu junto com os indóceis, porque tinha recebido pacificamente os espiões. Que mais devo dizer? Não teria tempo de falar com pormenores de Gedeão, Barac, Sansão, Jefté, Davi, Samuel e os profetas. Pela fé, estes conquistaram reinos, exerceram a justiça, viram se realizarem as promessas, amordaçaram a boca de leões, extinguiram o poder do fogo, escaparam do fio da espada, recobraram saúde na doença, mostraram-se valentes na guerra, repeliram os exércitos estrangeiros (Hb 11,30-34).

Em uma vertente mais séria, Ambrósio de Milão admoesta em uma carta de 390 o imperador Teodósio, e o compara a Davi que tinha feito morrer Urias, enquanto o santo bispo se identifica com Natã.

11

Os livros históricos, chaves para compreender nossa cultura

Em que a leitura deste conjunto de livros nos permite compreender melhor nossa cultura? A pergunta pode parecer estranha, pois o assunto abordado por eles versa sobre uma história bem longe de nós no tempo e em uma cultura estranha à primeira vista. Mas isso consistiria em esquecer, por exemplo, que desde Clóvis a monarquia francesa se inscreve na força simbólica da unção real de Davi. Mais ainda, o rei Luís IX (São Luís) não se reconhecia na figura do piedoso rei Josias: o que a purificação do templo deve à redescoberta do livro oculto da Lei (2Rs 22-23), a purificação do reino por São Luís deve à "redescoberta" da coroa de espinhos de Cristo. Além disso, para aqueles que tenham esquecido a história ou mesmo a desconheçam, os vitrais de Marc Chagall na catedral de Reims entrelaçam as duas histórias por meio da evocação da cepa de Jessé (pai de Davi) e os grandes momentos da história da França: São Luís fazendo justiça sob sua árvore; a sagração de Carlos VII em Reims etc. A partir disso, as grandezas passadas de Israel e as da França se confundem em uma mesma história, sendo um reflexo encoberto das raízes entrelaçadas do judeu Chagall. Sua vida em seu país de adoção, a França, põe um fim a seus dias errantes desde a longínqua Belarus; lembremos que o artista nasceu em Vitebsk em 1887 e faleceu em Saint Paul de Vence em 1985.

Além desse simbolismo geral, a figura de Davi é a que mais conservou a atenção dos artistas. Comecemos pelos escultores: em Florença, Donatello (1440), seguido por Verrocchio (1470) e Michelangelo (1500), que exalta mediante o jovem herói a virilidade triunfante da jovem República. Mais trágica parece a escultura de Bernini (1623-1624, na Galeria Borghese em Roma) mostrando um Davi desfigurado pela cólera e o corpo todo retorcido, o que faz dele uma obra-prima do Barroco. Entretanto, a lista de todas as obras – desde os capitéis romanos (como na abadia de Conques ou na catedral São Maurício de Vienne) aos portais góticos (Notre-Dame de Chartres, São Tiago de Compostela etc.) – seria muito longa! Por esse motivo, vamos nos limitar a algumas evocações como a da "luta contra Golias" do Renascimento e Barroco italianos, pelo olhar de Michelangelo (na Capela Sistina); a de Caravaggio, que produziu diversas versões (a de 1599 no Museu do Prado em Madrid, a de 1605 no Kunsthistorisches Museum de Viena, a de 1606, na Galeria Borghese de Roma, mais depurada, em que o rosto ensanguentado de Golias é um autorretrato do artista). Por fim, Guido Reni, que apresenta um Davi curioso, mais próximo de um gigolô afetado do que de um herói aguerrido (1605-1606, no Museu de Louvre em Paris). Também é digno de nota um grande ciclo de dez peças de tapeçarias contando a história de Davi e Betsabeia; feitas por volta de 1525, são mantidas no Museu da Renascença, no castelo de Écouen. E, claro, há a imensa obra de Marc Chagall que não deixou de voltar sempre a essa figura que transcende sua visão do Cântico dos Cânticos (Mensagem bíblica no Museu

Nacional de Nice). Diversos guaches do pintor provam sua admiração pelo rei: o guache *Davi apazigua Saul com seus cantos* (1931) põe em cena um velho rei torturado por seus demônios internos face ao jovem pastor-músico; o comovedor *Cântico fúnebre de Davi sobre a morte de Saul e Jônatas* (1931), no qual o jovem herói é pintado como tomado de profunda solicitude. Mas são principalmente seus grandes painéis que dão a Davi uma vibrante humanidade. Um belo exemplo disso nos é dado na tela intitulada O rei Davi (1951, óleo sobre tela de linho, 198 cm × 133 cm, no Museu Nacional de Nice). Não é o herói que está representado ali, mas o rei-sacerdote e músico de quem Chagall faz ao mesmo tempo o símbolo dos artistas e a metáfora do amor. Mais inquietante ainda é a litografia *Davi e Betsabeia* (1956) na qual, como Janus, o rei apresenta uma dupla face: a dele misturada com a de sua amante. O gênio chagalliano aqui herda o gênio incomparável de Rembrandt com *A noiva judia* (1662).

Também o livro de Samuel é fonte de muitas obras literárias, a começar pelos Mistérios da procissão realizada cada ano em Lille no século XV, em que doze das setenta e duas peças da coleção apresentam episódios bíblicos tirados de Samuel. Citemos também um segundo conjunto saído de uma compilação intitulada *Mistério do Antigo Testamento*, um texto de cerca de 50.000 versos. A Renascença viu surgir ainda outras obras, como as *Tragédias Santas* (1566) de Louis des Masures, que juntam três peças: *Davi combatente, Davi triunfante e Davi fugitivo*. A peça de Jean de la Taille, *Saul o furioso* (1572), por sua vez, faz claramente alusão às guerras de religião pela oposição dos dois heróis (Saul e Davi). De uma forma burlesca, após certo declínio, a tragédia bíblica ressurgiu nos séculos XVIII-XIX com Voltaire (Saul 1763) e romântico com Alphonse de Lamartine (Saul 1818), antes que

André Gide lançasse mão dela também com seu *Saul* (1903) e depois com *Betsabeia* (1912).

A arte musical não deixou de se inspirar nessas mesmas figuras por meio da ópera ou do oratório. Neste gênero, Haendel compôs *Saul* em 1768 pondo em cena o conflito desse rei em declínio com o ambicioso Davi mais tarde o dinamarquês Carl Nielson criou em 1902 *Saul og David*, ópera em quatro atos sobre um libreto de Einar Christiansen. Excetuando talvez a ópera de Mozart *Davi penitente*, 1785, a obra que mais prevalece nas lembranças é o oratório de Arthur Honegger *O rei Davi*, cuja estreia francesa foi em 15 de março de 1924 na Sala Gaveau (Paris).

Fala-se muito também do "Julgamento de Salomão" (1Rs 3,16-28) como modelo de sabedoria política, ou de "A vinda da rainha de Sabá a Jerusalém" (1Rs 10,1-13) como evocação de exotismo oriental, digno de um conto das *Mil e uma noites*. Se o primeiro deixou numerosos traços na história da arte mediante os capitéis romanos, as iluminuras góticas ou as pinturas (a título de exemplo, citemos o grande quadro de Nicolas Poussin), o mesmo se dá com a segunda, cuja cultura popular conservará facilmente o *peplum* hollywoodiano de King Vidor *Salomão e a Rainha de Sabá* (1959), com Yul Brynner e Gina Lollobrigida nos papéis principais. Além de certo sensualismo silencioso, o filme se nutre das lendas judaicas e também das etíopes (*Kebra Nagast*, relato de século XIV), legitimando a dinastia reinante pelo nascimento de um filho, Menelik, que o Negus Hailê Salassiê (1892-1975) ainda afirmava pertencer à "dinastia salomônica".

Uma última figura ficou no imaginário da cultura ocidental. Trata-se naturalmente do templo construído por Salomão, morada mítica que lembra o jardim do paraíso, sobre o modelo dos templos do Oriente Próximo, e prefigura cada uma das catedrais cristãs futuras. Como prova, basta olhar a iluminura de Jean Fouquet (século XV) em O *Manuscrito das Antiguidades Judaicas*, onde a edificação do templo judeu lembra a construção das catedrais medievais. O imaginário também lançou mão do templo na obra romanesca de Maurice Druon, *Os reis malditos* (1955-1960), que põe em cena a maldição pronunciada sobre os últimos Capetos por Jacques de Molay, grão-mestre da Ordem do Templo, antes de morrer na fogueira. Uma Ordem, sem dúvida, ligada às Cruzadas (nascimento em 1129) e à memória da construção sagrada de Salomão, confundida com a Mesquita Al-Aqsa.

Conclusão

O que vamos reter no fim de nossa leitura dos livros bíblicos que são, muitas vezes, qualificados como históricos? Primeiro, o fato de que propõem uma leitura crente do destino trágico dos reinos de Israel e de Judá bem mais do que contam a história factual, mas. Nesse sentido, pode-se falar com mais precisão sobre estes livros como livros proféticos, pelo olhar crítico que lançam sobre as instâncias do poder (em particular dos reis) e as numerosas infidelidades do povo que não cessa de oferecer sacrifícios aos ídolos. A realeza não é condenada, mas o julgamento expresso por Samuel (1Sm 8) pede o justo exercício de uma função que, longe de ter descido do céu, como faz entender a *lista real de Sumer*, nasceu na história com Saul (1Sm 11) e podia desaparecer, como é mostrado pela execução de Sedecias, o último rei de Judá (2Rs 25). Tal visão abrange toda a história real, pois já foi prevista e anunciada no discurso testamentário de Samuel (1Sm 12). Sob essa luz, a própria pessoa do rei não é mais sagrada a ponto de ficar preservada do julgamento dos profetas; é o que nos mostra a denúncia de Natã sobre o adultério de Davi (2Sm 12) e a condenação inapelável feita por Elias dos crimes do rei Acabe (1Rs 21). Aqui estamos longe das celebrações ditirâmbicas dos soberanos nas estelas egípcias e mesopotâmicas. Essa visão é explicada pelo texto do Deuteronômio 17,14-20, demonstrando que o rei está submetido, do mesmo modo que todo cidadão de Israel, à lei divina, e não pode erguer seu coração com orgulho, nem buscar o poder para seu próprio proveito.

Um segundo ensinamento essencial destes livros vem de sua capacidade de tomar distância em relação à própria história. Não se trata aqui de uma autocelebração, nem da comemoração das grandezas passadas em prejuízo dos outros povos. Deixemos isso aos Anais dos reis de Israel e de Judá citados no livro dos Reis para melhor se distinguir deles. Mesmo se uma leitura superficial do livro de Josué pudesse fazer crer em um nacionalismo exacerbado, o olhar desapaixonado – que Israel guarda desde o livro dos Juízes sobre seu próprio passado mediante o impasse de uma história que levou das esperanças da conquista ao inevitável exílio – convoca cada crente para a humildade e a lucidez das releituras. Escrevendo a própria história dessa maneira bem particular, Israel procura compreendê-la melhor por meio das grandezas e dos fracassos que a constituem. Eis o que traduz bem um projeto histórico, quer dizer, um cuidado de inteligibilidade do passado em seu desenvolvimento contínuo e também uma abertura ao futuro, pois o livro dos Reis não termina no fracasso: justamente em seus últimos versículos, ele evoca a libertação de Joaquim, o velho soberano judeu deportado em 597 (2Rs 25,27-30). Assim, a história não está fechada. É relida com lucidez e também com esperança.

Enfim, podemos reter um terceiro traço que dá sentido a esses livros: o olhar ético que eles nos levam a ter por meio da instância profética. Já lembramos o julgamento de Samuel, que condena toda arbitrariedade real (1Sm 12), e a denúncia de Natã (2Sm 12), que traz à tona o que Davi procura dissimular (o assassínio de Urias para encobrir a afronta do adultério). Contudo, o essencial não estará na escolha que Elias propõe a Israel por ocasião da disputa no monte Carmelo: "Até quando claudicareis das duas pernas?" (1Rs 18,20)? Mais que o sucesso de um sacrifício, o desafio aqui não é o de reencontrar sua legitimidade de povo escolhido por Deus pela justeza de sua resposta? De uma ponta a outra desses livros – desde a longínqua profetiza Débora incutindo coragem ao desanimado general Barac (Jz 4) ao julgamento tristemente trágico da profetiza Hulda, apesar dos gestos de fidelidade do rei Josias para com a lei divina e o templo (2Rs 22,14-20) – a voz dos profetas acompanha a história toda. Ela convida cada crente à perfeição de sua conduta: andar no caminho de Davi, sem se desviar nem para a direita nem para a esquerda. Por meio dos profetas, o próprio Deus mostra sua presença que é, muitas vezes, dolorosa (2Rs 21,10-15), mas marcada também de alegria, como na ocasião do nascimento de Salomão (2Sm 12,24-25).

Anexos

Léxico

Alegoria (alegórico): Forma de leitura interpretativa, amplamente utilizada pelos Padres da Igreja, que associa a Jesus as grandes figuras do Antigo Testamento, lançando mão de um simbolismo teológico muitas vezes complexo.

Amarna (Cartas de): Correspondência diplomática, sob forma de tabletes de argila, entre o Faraó do Egito e os reis vassalos do Levante (Síria-Palestina) ao longo de todo o século XIV a.C., descoberta em Aquenaton (hoje Amarna), a capital de Amenófis IV Aquenaton.

Amon: (deus) Divindade maior do Egito antigo. Originalmente senhor do ar e da fecundidade, mais tarde foi assimilado a Rá. Seu grande templo se erguia em Tebas (hoje Karnak).

Amon: Reino vizinho de Israel que corresponde em grande parte à atual Jordânia.

Aram, arameu: Conjunto de pequenos reinos do Levante setentrional, dos quais o mais célebre era o de Damasco.

Arca da Aliança: Caixa de madeira preciosa que continha as Tábuas da Lei, e colocada no Santo dos Santos do templo de

Jerusalém sob a guarda dos Querubins. Foi destruída na queimada do templo em 586 a.C.

Baal (deus): Deus do raio e da tempestade, esta divindade aramaica, venerada sob diversas formas (entre as quais a do touro), foi o adversário de Javé, o Deus de Israel, ao longo de toda a história bíblica.

Canaã: Literalmente, "o país baixo". Trata-se da designação geográfica de toda a região do Levante (Síria – Palestina) atestada na documentação em hieróglifos (escrita egípcia) desde o século XV a.C.

Cânon: derivado de um termo grego que designa a régua de um arquiteto; é usado para indicar a lista dos livros santos em seu conjunto, por oposição a "apócrifo" (que quer dizer, "escondido").

Cantores: classes de levitas responsáveis pela execução dos salmos no templo de Jerusalém a partir do período persa.

Crônicas babilônicas: Coleção de fatos e gestas dos reis de Babilônia ano por ano.

Dagom: Divindade filisteia do grão e das colheitas.

Diáspora: Literalmente, "a dispersão", designa o fato de que nem todos os Judeus exilados voltaram para Judá depois de 538 a.C. Nasceram então diversas comunidades judaicas dispersas na Babilônia, na Síria e no Egito (notadamente em Alexandria do Egito). Toda literatura tardia (livro de Ester, primeira parte do livro de Daniel e a história de José em Gn 37–50) testemunha essa vida judaica em terra estrangeira.

Eleição: Noção teológica herdada do Deuteronômio, segundo a qual Deus escolheu Israel dentre as nações.

Estela: Pedra em pé com inscrição, contendo hinos e editos reais.

Etiologia (ou etiológico): lenda ou relato que visa explicar um acontecimento ou, às vezes, uma particularidade, como as ruínas de uma cidadela ou a forma singular de uma montanha. Trata-se, nesses casos, de um esforço de racionalização em um mundo pré-científico.

Exílio: Após a queda de Jerusalém em 586 a.C., uma parte de sua população (sobretudo dentre as elites) foi deportada para a Babilônia até 538 a.C. Mas uma primeira deportação já havia ocorrido em 597 a.C.; entre os deportados estava o jovem rei Joaquim e o profeta Ezequiel. Para muitos exegetas, trata-se de um período-matriz para a escrita da Bíblia.

Filisteus: Entre outras populações de origem não semítica, vindas possivelmente da Ilha de Creta, os Filisteus pertencem aos "povos do mar", vencidos pelo Faraó Ramsés III no Delta do Nilo (por volta do ano 1090 a.C.) e que a partir de então se estabeleceram na região costeira de Gaza e na planície da Sefelá.

Flávio Josefo: Historiador judeu do primeiro século de nossa era, autor de *A Guerra Judaica* e de *Antiguidades Judaicas*.

Gilgamesh: Rei legendário da cidade de Uruk, ao sul da Babilônia. Acompanhado por seu amigo Enkidu, realizou numerosas façanhas heroicas conhecidas por um ciclo de relatos (em realidade, doze tabletes de argila), das quais uma, a décima primeira, contém um relato muito célebre do dilúvio).

Habiru: Populações instáveis, conhecidas pelos textos egípcios (Cartas de Amarna) e acadianos. Ameaçavam as cidades com incessantes ataques e raides contra as terras férteis.

Helenismo: tudo que se refere à civilização e à história grega após as conquistas de Alexandre Magno.

Hércules (ou **Héracles**): semideus grego, célebre por seus Doze Trabalhos. Uma adaptação ocidental de Gilgamesh?

História (ou **historiografia**) **deuteronomista**: hipótese, segundo a qual a teologia subjacente aos livros de Josué a Reis depende do livro do Deuteronômio.

História normal: por essa expressão se deve entender a história que se constrói por meio de um trabalho crítico sobre as fontes e as contribuições da arqueologia, para além da "história crente" de que o relato bíblico dá testemunho.

Horeb: Outro nome dado ao Monte Sinai, onde, segundo a Bíblia, a Lei foi dada a Moisés.

Idade do Bronze: Período arqueológico compreendido entre 3100 e 1200 a.C. Anterior à fundação de Israel, é dividido em diversas épocas: Bronze Antigo, Bronze Médio e Bronze Recente.

Idade do Ferro: Período arqueológico que corresponde à formação (ou etnogênese) de Israel (Ferro I: 1200-1000 a.C.), seguido da história dos reinos de Israel e de Judá (Ferro II: 1000-550 a.C.).

Interdito (ou anátema): ato religioso condenando ao extermínio total toda uma população, inclusive os espólios do saque, no quadro de uma guerra levada a efeito em nome de uma divindade (cf. Dt 20).

Janus: Divindade romana arcaica das soleiras, representada com duas faces.

Jebuseus: Nome dado pela Bíblia à população que habitava em Jerusalém antes da conquista da cidade por Davi.

Juiz: função de líder político e militar suscitado por Deus para salvar Israel de uma agressão exterior.

Levitas: No sentido amplo, os membros da tribo de Levi (um dos doze filhos de Jacó), tornados, no decorrer da história, uma tribo sacerdotal a serviço do templo e do seu culto.

Lugares Altos: O termo designa os santuários além do templo de Jerusalém e considerados, com ou sem razão, idolátricos segundo o pensamento deuteronomista, por causa da lei de centralização do culto (cf. Dt 12).

Macabeus (revolta dos): Família judaica de Modim, na região da Sefelá. No século II a.C. lideraram a revolta contra os reis gregos selêucidas, depois de Antíoco IV Epífanes ter interditado o culto judeu e feito erigir uma estátua de Zeus no templo de Jerusalém.

Messias (ou **messiânico)**: figura régia ideal, segundo os oráculos proféticos, especialmente os de Isaías, após o revés da restauração davídica no século V (cf. Zorobabel).

Moab: Reino vizinho de Israel correspondente ao sul da atual Jordânia. É célebre sobretudo pela estela de seu rei Mesa (século VIII a.C.), que menciona o rei Omri de Israel e contém o nome do Deus de Israel (Yhwh, Javé).

Morada (ou **Tabernáculo)**: Tenda que fazia as vezes de templo no deserto no tempo do êxodo.

Neoassírio: Período histórico que corresponde à dominação assíria sobre toda a região entre o século VIII e VII a.C., terminando por volta do ano 610 com a destruição de Nínive.

Neobabilônico: Período histórico que corresponde à dominação babilônica sobre toda a região no século VI a.C., antes de ter fim com a conquista da Babilônia pelos Persas em 539 a.C. (por Ciro, o Grande).

Oráculo: Forma literária particularmente empregada na literatura profética.

Pecado de Jeroboão: Maneira como o livro dos Reis designa o afastamento do templo de Jerusalém e do seu culto desde o primeiro rei de Israel. Trata-se de uma falta que acompanha toda a história do Reino do Norte, separado de Judá.

Pecado de Manassés: Maneira como o livro dos Reis designa a introdução por Manassés de ídolos estrangeiros no templo de Jerusalém, a ponto de ver nisso a causa direta da queda do Reino de Judá.

Peplum: Certo tipo de filmes consagrados à Antiguidade.

Persa (período): Período histórico entre a chegada de Ciro e as conquistas de Alexandre, isto é, entre 550 e 330 a.C. Foi durante esses três séculos que se compôs a Torá na forma final e que a liturgia do templo de Jerusalém tomou seu vigor.

Pitgaiá: Divindade filisteia da cidade de Ecron.

Porteiros: eram os guardas dos diversos portões e átrios do templo.

Protoisraelita: Nome dado às populações que pouco a pouco se destacam dos Cananeus das cidades da planície (Hazor, Megido, Gezer etc.), formando comunidades camponesas nas montanhas centrais (sobretudo na Samaria) a partir do século XII a.C. Sua mutação dará origem aos futuros reinos de Israel (no Norte) e de Judá (no Sul).

Querubim: Estátuas de guarda protetor que, segundo a Bíblia, protegia a Arca da Aliança colocada no Santo dos Santos do templo de Jerusalém.

Sacerdotes: Como sacrificadores, estão vinculados ao altar no templo e aos respectivos ritos.

Samas: Deus babilônico do sol e da sabedoria, representado notadamente sentado sobre seu trono na estela de Hamurabi (por 1750 a.C.).

Segundo Templo: Por oposição ao da época real (séculos X a VII), o Segundo Templo designa a comunidade judaica que se organiza em torno do templo reconstruído por Zorobabel durante o período persa (550 a 330 a.C.).

Setenta (Septuaginta): Tradução grega das escrituras hebraicas efetuada (por setenta tradutores) na Alexandria (Egito) a partir do século III a.C.

Sistema palacial (Cidades-Estados): Sistema político segundo o qual o rei controla um território restrito a partir do seu palácio, em oposição aos grandes impérios territoriais na Assíria e na Babilônia.

Sumer (lista real de): Lista legendária dos reis de Sumer antes e depois do dilúvio, segundo a qual a realeza foi dada aos homens pelos deuses.

Talmud: Compilação de comentários e discussões rabínicas sobre a lei mosaica, contendo a Michna (séculos II e III d.C.) e a Guemará (séculos IV ao VI). Existem dois: o Talmud de Jerusalém, que é o mais antigo, e o Talmud de Babilônia, que goza de mais autoridade no judaísmo.

Teofania: Forma literária que põe em cena uma aparição divina.

Tipologia (tipológico): Cf. Alegoria.

Torá (Torah): Termo hebraico que corresponde ao Pentateuco grego e designa os cinco primeiros livros da Bíblia (Gênesis, Êxodo, Levítico, Números e Deuteronômio).

Transeufratênia: Nome dado à grande divisão administrativa persa entre o Eufrates e o mar Mediterrâneo e governada a partir de Babilônia.

Tronco de Jessé: Representação simbólica da linhagem davídica a partir de Jessé, que é o ancestral, como pai de Davi.

Turandot: Lenda chinesa, segundo a qual a princesa Turandot vinga seu avô propondo diversos enigmas a seus pretendentes e mandando executar aqueles que não descobrem seu sentido.

Unção: Rito de consagração real por derramamento de óleo sobre a fronte.

Versão latina: trata-se da tradução latina feita por São Jerônimo a partir do texto hebraico da Bíblia no século V, conhecida sob o nome de "**Vulgata**". Foi o texto litúrgico oficial da Igreja católica até as reformas conciliares do Vaticano II.

Yehud: Nome dado à província da Judeia durante o período persa, que não cobre totalmente o território do antigo reino de Judá.

Zorobabel: Último descendente conhecido da família real davídica e governador da Judeia bem no início da restauração (século V). É a ele que se deve a reconstrução do templo entre 520 e 515 a.C., com o apoio do sumo sacerdote Josué e os profetas Ageu e Zacarias.

Cronologia

Grandes períodos arqueológicos	Cronologia bíblica	Fases históricas
Período proto-urbano (3300-3100)		
Bronze Antigo I (3100-2900) Bronze Antigo II (2900-2650) Bronze Antigo III (2650-2300) Bronze Antigo IV (2300-1950)	Início da urbanização	Cidades-Estados independentes
Bronze Médio I (1950-1750) Bronze Médio II (1750-1550)	Época dos Patriarcas (ciclos de Abraão e de Jacó; romance de José)	Dominação egípcia
Bronze Recente I (1550-1425) Bronze Recente II (1400-1200)	Tempo do êxodo (Moisés) e da conquista (Josué)	Etnogênese proto-israelita Fase de formação nas colinas centrais
Ferro I (1200-1000)	Período dos Juízes Reino unido (Davi e Salomão)	
Ferro II A (1000-900) Ferro II B (900-550)	Reinos divididos Israel e Judá (1000-720) Judá só (até 586) Exílio babilônico (586-538)	Reinos divididos Dominação assíria (séc. VIII-VII), depois neobabilônica (séc. VI)
Período persa (550-330)	Restauração judaica (Esdras e Neemias)	Império persa
Período grego (330-63)	Confronto com o helenismo abrindo para a revolta dos Macabeus (167-141) Período hasmoneu (142-63)	Sob a dominação grega lágida (Egito) de 330 a 198, depois selêucida (Síria) de 198 a 142

Anexos

O Reino de Israel em dinastias

Dinastias	Reis	Acontecimentos políticos importantes	Relato bíblico
Jeroboídas	Jeroboão (933-911) Nadabe (911-910)	Fundação do reino	1Rs 12,20.2–14,20 1Rs 15,5-31
Basidas	Baasa (910-887) Elá (887-886)		1Rs 15,33–16,7 1Rs 16,8-14
Zimridas	Zimri (7 dias)		1Rs 16,15-20
Omridas	Omri (886-875) Acabe (875-853)	Construção de Samaria Aliança com a Fenícia – casamento com Jezabel Coalisão antiassíria (batalha de Carcar em 853) Pregação do profeta Elias	1Rs 16,23-28 1Rs 16,29–22,40
	Ocozias (853-852) Jorão (852-841)	Pregação do profeta Eliseu Começo das guerras arameias	1Rs 22,52–2Rs 1,18 2Rs 3,1–9,26
Jeuídas	Jeú (841-814)	Submissão à Assíria – pagamento de um tributo a Salmanasar III (841) Guerras arameias (conflito com Ben-Hadad III)	2Rs 9,1–10,36
	Joacaz (820/814-803) Joás (803-787) Jeroboão II (787-747) Zacarias (747)	Pagamento de um tributo a Adad-Nirari III (803) Fim vitorioso das guerras arameias Volta da prosperidade israelita Pregação de Amós (por 750)	2Rs 13,1-9 2Rs 13,10-13 2Rs 14,23-29 2Rs 15,8-12
	Salum 747-746)		2Rs 15,13-16

Dinastias	Reis	Acontecimentos políticos importantes	Relato bíblico
	Manaém (746-737)	Pagamento de um tributo a Teglat-Falasar (737)	2Rs 15,17-22
	Pecaías (736-735)	Pregação de Oseias	2Rs 15,23-26
	Peca (735-732)	Aliança com Resim de Damasco contra Acaz de Judá (guerra siro-efraimita) Anexação de uma parte do reino de Israel ao império assírio por Teglat-Falasar III (734-733)	2Rs 15,27-31
	Oseias (735-722)	Busca de aliança com o Egito e revolta contra a Assíria Tomada de Samaria (722) seguida de uma deportação Província assíria de Samaria (720) que põe fim ao reino de Israel	2Rs 17,1-6

O reino de Judá em sua dinastia

Reis	Acontecimentos políticos importantes	Relatos bíblicos
Davi (1010-por 970)		
Salomão (970-por 933)		
Roboão (933-916)	Ruptura entre Judá e Israel Invasão egípcia	1Rs 12,1–14,31
Abias (915-913)		1Rs 15,1-8
Asa (912-871)		1Rs 15,9-24
		1Rs 22,41-50
Josafá (870-846)	Guerra contra Baesa de Israel	2Rs 8,16-24
Jorão (848-841)	Aliança com Israel Construção de uma frota	2Rs 8,25-29 2Rs 11
Ocozias (841)	Guerras arameias	2Rs 12,1-22
Atália (841-835)	Revolta de Jeú	2Rs 14,1-21
Joás (835-796)	Revolta contra Atália	2Rs 15,1-7
Amassias (811-782)	Tempo de reformas	2Rs 15,32-38 2Rs 16,1-20 2Rs 18,1–20,21

Reis	Acontecimentos políticos importantes	Relatos bíblicos
Uzias (780-740)		2Rs 21,1-18
Jotão (740-735)	Lepra do rei	2Rs 21,19-26
Acaz (735-716)	Guerra siro-efraimita	2Rs 22,1–23,30
Ezequias (716-687)	Fim do reino de Israel	2Rs 23,31-35
	Construção de um muro de defesa em Jerusalém e de um canal subterrâneo	
	Tempo de grandes reformas	
Manassés (687-642)	Invasão assíria (701)	2Rs 23,36–24,7
Amon (642-640)		2Rs 24,8-17
	Submissão à Assíria (tributo)	2Rs 24,18–25,26
Josias (640-609)		2Rs 25,27-29
	Descoberta do livro no templo	
	Grande reforma religiosa	
	Morte trágica de Josias em Megido	
Joacaz (609)	Deposição por Necao II	
Joaquim [Jeconias] (609-598)	Revolta contra Babilônia	
	Início da invasão babilônica e submissão de Joaquim	

Reis	Acontecimentos políticos importantes	Relatos bíblicos
Joaquim (598-597)	Tomada de Jerusalém (597), seguida de uma primeira deportação	
Sedecias (597-587)	Segunda tomada de Jerusalém (587) Início do exílio na Babilônia Libertação de Joaquim (561)	

Mapa 1. Geografia de Israel

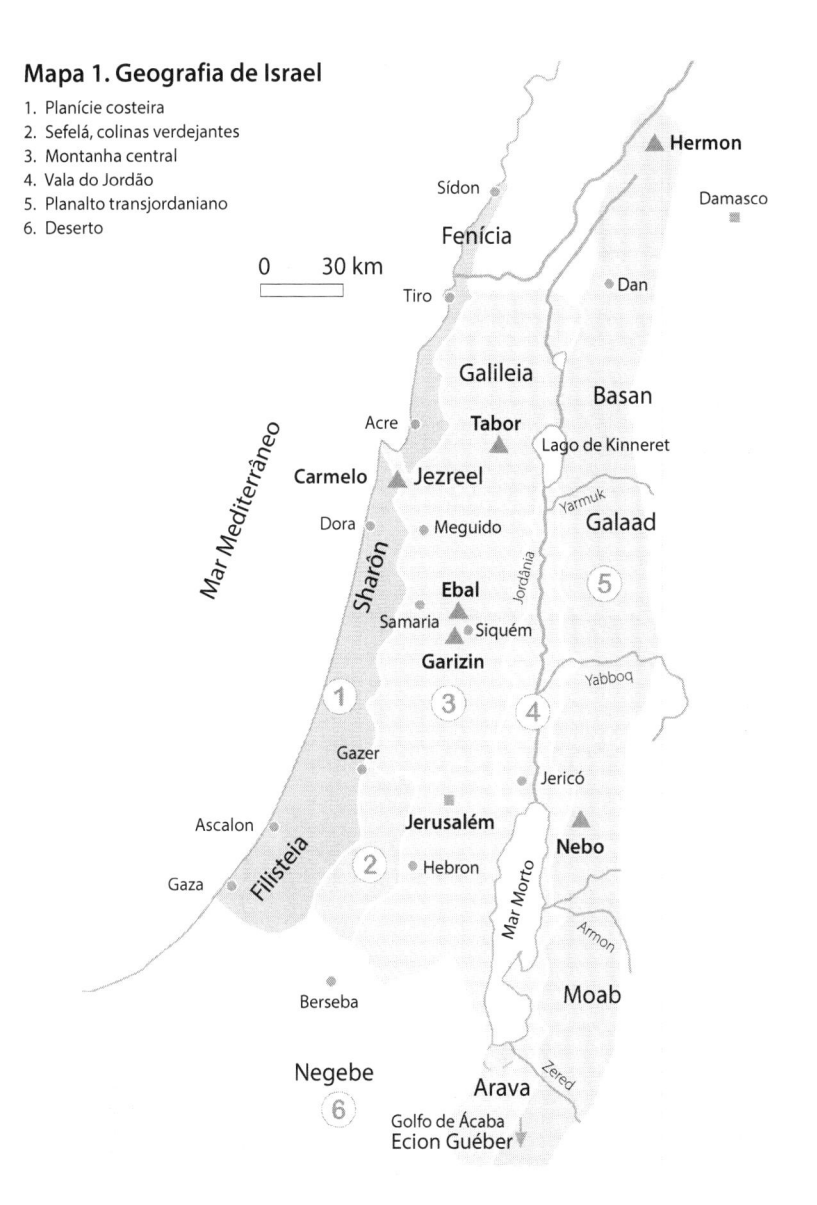

1. Planície costeira
2. Sefelá, colinas verdejantes
3. Montanha central
4. Vala do Jordão
5. Planalto transjordaniano
6. Deserto

Mapa 2. Fronteiras históricas

Bibliografia

História de Israel

ABADIE, P. *L'histoire d'Israël entre mémoire et relecture* (Lectio divina 229). Paris: Cerf, 2009.

FINKELSTEIN, I.; SILBERMAN, N. A. *La Bible dévoilée. Les Nouvelles Révélations de l'archéologie*. Paris: Bayard, 2002.

LIVÉRANI, M. *La Bible et l'invention de l'histoire*. Paris: Bayard, 2008.

RÖMER, T. *La première histoire d'Israël. L'École deutéronomiste à l'œuvre.* Genebra: Labor et Fides, 2007.

O livro de Josué

ABADIE, P. *Le livre de Josué, critique historique* (Cahiers Évangile 134). Paris: Cerf, 2005.

O livro dos Juízes

ABADIE, P. *Le livre des Juges* (Cahiers Évangile 125). Paris: Cerf, 2003.

LANOIR, C. *Femmes fatales, filles rebelles. Figures féminines dans le livre des Juges*. Genebra: Labor et Fides, 2005.

O livro de Samuel

MCKENZIE, S. *Le roi David. Le roman d'une vie*. Genebra: Labor et Fides, 2006.

VOGELS, W. *David et son histoire. 1 Samuel 16,1–1 Rois 2,11*. Montréal: Mediaspaul, 2003.

O livro dos Reis

LICHTERT, C.; NOCQUET, D. (dir.). *Le roi Salomon, un héritage en question. Hommage à Jacques Vermeylen* (Le livre et le rouleau 33). Bruxelas: Lessius, 2008.

VOGELS, W. *Élie et ses fioretti. 1 Rois 16,29–2 Rois 2,18* (Lectio divina 261). Paris: Cerf, 2013.

Edições Loyola

editoração impressão acabamento

Rua 1822 n° 341 – Ipiranga
04216-000 São Paulo, SP
T 55 11 3385 8500/8501, 2063 4275
www.loyola.com.br